recettes express

recettes express

MARABOUT

sommaire

Cuisson en cocotte

Soupe de bœuf à la mexicaine

Pour 4 personnes

1 c. s. d'huile
1 oignon rouge émincé
2 gousses d'ail écrasées
2 c. c. de piment en poudre
2 c. c. de cumin en poudre
3 c. c. de tiges et de racines de coriandre fraîche hachées
2 c. c. de coriandre en poudre
500 g de viande de bœuf hachée
1 c. s. de sauce tomate
4 tomates pelées, épépinées et coupées en dés
420 g de haricots rouges en conserve rincés et égouttés
2 l de bouillon de bœuf
3 c. s. de feuilles de coriandre hachées
80 g de crème fraîche

1 Faites chauffer l'huile dans une cocotte et faites revenir l'oignon jusqu'à ce qu'il soit tendre. Ajoutez l'ail, le piment, le cumin, les tiges et les racines de coriandre ainsi que la coriandre en poudre. Laissez cuire 1 minute. Ajoutez la viande hachée et faites-la revenir 3 à 4 minutes en remuant sans cesse, jusqu'à ce qu'elle soit cuite.

2 Incorporez la sauce tomate, les tomates, les haricots rouges et le bouillon. Portez à ébullition, puis baissez le feu et laissez mijoter 15 à 20 minutes. Écumez la surface et décorez de coriandre fraîche. Servez avec de la crème fraîche.

Soupe japonaise aux nouilles et aux noix de Saint-Jacques

Pour 4 personnes

250 g de nouilles soba (nouilles japonaises)
3 c. s. de mirin (vin de riz)
60 ml de sauce de soja
2 c. c. de vinaigre de riz
1 c. c. de dashi (bouillon japonais) en poudre
2 oignons émincés
1 c. c. de gingembre frais finement haché
24 noix de Saint-Jacques (sans le corail)
5 champignons noirs (oreilles de Judas) en morceaux
1 feuille de nori (algue japonaise frite) en fines lanières

1 Faites cuire les nouilles 5 minutes dans l'eau bouillante. Égouttez, rincez à l'eau froide et réservez.

2 Dans une casserole, mélangez le mirin, la sauce de soja, le vinaigre de riz, le dashi et 750 ml d'eau. Portez à ébullition, puis baissez le feu et laissez mijoter 3 à 4 minutes. Incorporez les oignons et le gingembre. Maintenez au chaud à feu très doux jusqu'au moment de servir.

3 Préchauffez le four. Disposez les noix de Saint-Jacques sur la grille et faites-les rôtir 1 minute de chaque côté.

4 Répartissez les nouilles et les champignons crus dans les bols de service. Versez 185 ml de bouillon dans chaque bol et garnissez de 6 noix de Saint-Jacques. Parsemez de lanières de nori et servez aussitôt.

ASTUCE Vous pouvez remplacer les oreilles de Judas fraîches par des champignons déshydratés que vous laisserez tremper 15 minutes dans l'eau chaude.

Spaghettis aux asperges vertes et à la roquette

Pour 4 personnes

100 ml d'huile d'olive
16 asperges vertes en tronçons de 5 cm
375 g de spaghettis
120 g de roquette en fines lanières
2 petits piments rouges frais émincés
2 c. c. de zeste de citron râpé
1 gousse d'ail pilée
65 g de parmesan râpé
2 c. s. de jus de citron

1 Portez à ébullition un grand volume d'eau, puis ajoutez 1 cuillerée à soupe d'huile d'olive et une pincée de sel. Faites blanchir les asperges 3 à 4 minutes, puis retirez-les avec une écumoire. Passez-les sous l'eau froide, égouttez-les et transférez-les dans un saladier. Faites bouillir à nouveau l'eau de cuisson des asperges et faites cuire les pâtes jusqu'à ce qu'elles soient *al dente*. Égouttez-les et remettez-les dans le récipient.

2 Pendant ce temps, ajoutez la roquette, le piment, le zeste de citron, la gousse d'ail et le parmesan dans le saladier contenant les asperges, mélangez délicatement puis transvasez cette préparation sur les pâtes. Versez le jus de citron et le reste d'huile d'olive. Salez et poivrez. Remuez délicatement et servez aussitôt. Proposez à part du parmesan fraîchement râpé et de l'huile d'olive.

ASTUCE Vous pouvez remplacer les spaghettis par d'autres pâtes longues comme des tagliatelles, des macaronis ou des tortellinis.

Orecchiette à la pancetta et à la mozzarella fumée

Pour 4 personnes

400 g d'orecchiette
2 c. s. d'huile d'olive
150 g de pancetta (lard maigre) en fines lanières
200 g de champignons de Paris émincés
2 poireaux émincés
250 ml de crème fraîche
200 g de mozzarella fumée, en dés de 1 cm
8 feuilles de basilic frais grossièrement ciselé

1 Faites cuire les orecchiette dans un grand volume d'eau bouillante salée.

2 Pendant ce temps, faites chauffer l'huile dans une cocotte et faites revenir à feu vif pendant 5 minutes la pancetta, les champignons et les poireaux. Ajoutez la crème et poivrez. Laissez mijoter 5 minutes à feu doux jusqu'à ce que les pâtes soient cuites, puis versez ces dernières, égouttées, dans la cocotte. Remuez. Ajoutez la mozzarella et le basilic, mélangez délicatement et servez aussitôt.

ASTUCE Pour un plat moins calorique, divisez par deux la quantité de crème fraîche et ajoutez 125 ml de bouillon de poule. Vous pouvez remplacer la mozzarella fumée par du provolone fumé.

Bœuf bourguignon

Pour 4 personnes

1 kg de bœuf en gros dés
30 g de farine
1 c. s. d'huile
150 g de lardons
8 oignons nouveaux coupés en quatre
200 g de champignons de Paris émincés
500 ml de vin rouge
2 c. s. de purée de tomates
500 ml de bouillon de bœuf
1 bouquet garni

1 Roulez les morceaux de bœuf dans la farine, puis secouez-les pour éliminer l'excédent. Faites chauffer l'huile dans une grande cocotte et faites revenir les morceaux de viande pendant 3 minutes, en remuant bien. Ajoutez un peu d'huile si nécessaire. Quand la viande est dorée sur toutes ses faces, retirez-la et réservez au chaud.

2 Dans la même cocotte, faites revenir les lardons 2 minutes jusqu'à ce qu'ils brunissent. Retirez avec une écumoire et réservez avec la viande. Mettez les oignons et les champignons dans la cocotte et laissez cuire 5 minutes jusqu'à ce que les oignons soient dorés. Retirez de la poêle et réservez.

3 Versez progressivement le vin dans la cocotte en grattant les sucs avec une cuillère en bois. Ajoutez alors la purée de tomates, le bouillon, le bouquet garni, le bœuf et les lardons. Portez à ébullition, puis réduisez la chaleur et laissez mijoter 45 minutes. Ajoutez les oignons et les champignons et laissez cuire 1 heure, jusqu'à ce que la viande soit tendre. Servez avec des pommes de terre nouvelles à la vapeur.

Velouté de petits pois

Pour 4 personnes

2 c. s. d'huile végétale
2 oignons émincés
200 g de bacon en fines lanières
1 kg de petits pois décongelés
1,5 l de bouillon de poule
1,2 kg de laitue, coupée en lanières
quelques brins de cresson

1 Faites chauffer l'huile dans une cocotte et faites revenir les oignons et le bacon. Quand les oignons sont tendres, ajoutez les petits pois, la moitié de la laitue et le bouillon de poule. Laissez mijoter 5 minutes jusqu'à ce que les petits pois soient tendres. Salez et poivrez.

2 Laissez la soupe refroidir un peu, puis mixez-la jusqu'à obtention d'un mélange onctueux. Ajoutez le reste de salade dans la cocotte et réchauffez le tout à feu doux. Décorez de cresson et servez aussitôt.

Tagliatelles au thon et au citron

Pour 4 personnes

375 g de tagliatelles
5 c. c. d'huile d'olive
1 petit piment rouge, épépiné et émincé
50 g de câpres égouttées
3 c. c. de feuilles de thym ciselées
500 g de darne de thon, en dés de 3 cm
60 ml de jus de citron
1 c. s. de zeste de citron râpé
30 g de persil plat frais haché

1 Faites cuire les tagliatelles dans un grand volume d'eau bouillante salée, jusqu'à ce qu'elles soient *al dente*.

2 Pendant ce temps, faites chauffer 1 cuillerée à soupe d'huile dans une cocotte antiadhésive et faites revenir le piment et les câpres 1 minute à feu moyen, jusqu'à ce que les câpres deviennent croquantes. Ajoutez le thym et laissez cuire 1 minute, puis retirez du feu et transférez dans un saladier.

3 Dans la même cocotte, faites revenir le thon pendant 2 à 3 minutes, en remuant sans cesse, jusqu'à ce qu'il soit cuit à l'extérieur mais encore rose à cœur (piquez avec un couteau fin pour contrôler la cuisson). Retirez du feu.

4 Transférez le thon, le zeste de citron, le jus de citron, le persil et le reste d'huile dans le saladier contenant les câpres. Ajoutez les pâtes bien égouttées et remuez délicatement. Poivrez et servez aussitôt.

Fettuccine aux crevettes et à l'ail

Pour 4 personnes

400 g de fettuccine fraîches
1 c. s. d'huile d'olive
1 oignon émincé
3 gousses d'ail pilées
400 g de tomates épépinées et coupées en dés
60 ml de vin blanc
300 ml de crème fraîche
1 kg de crevettes crues décortiqués (avec les queues)
15 g de basilic frais ciselé

1 Faites cuire les fettuccine dans un grand volume d'eau bouillante salée. Égouttez-les, puis réservez au chaud.

2 Pendant que les pâtes cuisent, faites chauffer l'huile dans une cocotte antiadhésive et faites revenir l'oignon et l'ail à feu vif, jusqu'à ce que l'oignon soit tendre. Ajoutez les tomates et le vin, laissez cuire 3 minutes, puis incorporer la crème. Portez à ébullition. Baissez ensuite le feu et laissez mijoter à feu doux jusqu'à épaississement. Ajoutez les crevettes et laissez mijoter 3 à 4 minutes jusqu'à ce qu'elles changent de couleur. Transférez les pâtes dans un plat de service, ajoutez les crevettes en sauce, puis le basilic, salez et poivrez. Servez aussitôt.

Curry de bœuf massala

Pour 4 personnes

2 c. s. d'huile végétale
1 kg de macreuse de bœuf parée et coupée en dés de 2 cm
1 gros oignon émincé
3 gousses d'ail hachées grossièrement
80 g de pâte de curry vert
2 c. c. d'eau de tamarin
2 × 400 ml de lait de coco en boîte
4 feuilles de curry fraîches
300 g de riz au jasmin

1 Faites chauffer l'huile dans une cocotte et faites revenir la viande jusqu'à ce qu'elle se colore. Réservez.

2 Baissez le feu et faites fondre l'oignon 5 minutes dans la cocotte, puis ajoutez l'ail et laissez cuire 1 minute. Incorporez la pâte de curry et l'eau de tamarin. Laissez chauffer quelques secondes jusqu'à ce que le mélange embaume. Remettez le bœuf dans la cocotte, ajoutez 550 ml de lait de coco et les feuilles de curry, puis portez à ébullition. Réduisez la chaleur et laissez mijoter 1 h 30, jusqu'à ce que la viande soit tendre. Ajoutez de l'eau si la sauce commence à attacher.

3 Pendant ce temps, préparez le riz : versez le riz, le reste de lait de coco et 250 ml d'eau dans une casserole et portez à ébullition en remuant constamment. Laissez bouillir 1 minute, puis réduisez la chaleur. Couvrez et laissez mijoter 20 minutes. Retirez du feu et laissez reposer 10 minutes sans retirer le couvercle.

4 Salez et poivrez le bœuf en sauce, retirez les feuilles de curry et servez avec le riz, après avoir aéré les grains à la fourchette.

PRATIQUE Le tamarin est le fruit du tamarinier, dont la gousse renferme une pulpe acide. Cette dernière est pressée et vendue en blocs (dans les épiceries asiatiques), que l'on plonge dans l'eau chaude avant de les passer au chinois pour obtenir l'eau de tamarin.

Spaghettis aux fruits de mer

Pour 4 personnes

2 c. s. d'huile d'olive
1 oignon finement haché
2 gousses d'ail pilées
800 g de tomates entières en boîte, coupées en dés
60 g de purée de tomates
500 g de spaghettis
500 g de fruits de mer
8 grosses moules nettoyées et ébarbées
2 c. s. de basilic frais en lanières

1 Faites chauffer l'huile dans une cocotte et faites revenir l'oignon pendant 5 minutes, jusqu'à ce qu'il soit tendre et doré. Ajoutez l'ail et laissez cuire 1 minute sans cesser de remuer. Incorporez les tomates en dés et la purée de tomates, puis portez à ébullition. Réduisez la chaleur et laissez mijoter 20 à 25 minutes, en remuant de temps en temps, jusqu'à obtention d'une sauce épaisse. Salez et poivrez.

2 Pendant ce temps, faites cuire les spaghettis dans un grand volume d'eau bouillante salée. Égouttez-les bien, puis réservez au chaud.

3 Ajoutez les fruits de mer et les moules dans la sauce tomate et laissez-les cuire (environ 3 minutes). Les moules doivent s'ouvrir sous l'effet de la chaleur ; éliminez celles qui sont restées fermées. Ajoutez enfin le basilic, puis versez cette préparation sur les pâtes. Mélangez délicatement et servez aussitôt.

ASTUCE Vous pouvez utiliser un mélange de fruits de mer tout prêt, en vente au rayon surgelés des grandes surfaces (ajustez le temps de cuisson en conséquence) ou dans les poissonneries. Vous pouvez également préparer vous-même un assortiment avec des calamars, des poulpes et des filets de poisson coupés en petits morceaux.

Nouilles sautées aux poivrons aigres-doux

Pour 4 personnes

1 poivron rouge
1 poivron vert
1 poivron jaune
2 c. s. d'huile végétale
5 c. c. d'huile de sésame
2 étoiles d'anis
60 ml de vinaigre de vin rouge
1 c. s. de nuoc-mâm
125 g de sucre
300 g de nouilles chinoises
1 c. c. de vinaigre balsamique
1 c. c. de sucre supplémentaire
2 oignons nouveaux émincés
2 c. s. de graines de sésame grillées

1 Coupez les poivrons en fines lanières. Faites chauffer l'huile végétale et 1 cuillerée à café d'huile de sésame dans une cocotte et faites revenir l'anis pendant 1 minute, jusqu'à ce que l'huile commence à fumer. Ajoutez alors les poivrons et laissez cuire 2 minutes à feu vif, puis baissez le feu. Couvrez et prolongez la cuisson à feu doux pendant 5 minutes, en remuant de temps en temps. Versez le nuoc-mâm, le vinaigre et le sucre, puis faites cuire à feu moyen en remuant sans cesse, jusqu'à ce que le sucre soit dissous. Laissez bouillonner pendant 2 minutes, puis retirez du feu. Quand le mélange a légèrement refroidi, retirez les poivrons et jetez la sauce.

2 Pendant ce temps, faites cuire les nouilles dans un grand volume d'eau bouillante salée, puis égouttez-les et rincez-les.

3 Dans un saladier, mélangez le vinaigre balsamique, le reste d'huile de sésame et 1 cuillerée à café de sucre. Salez et poivrez. Ajoutez les nouilles chaudes, puis les poivrons et les oignons. Saupoudrez de graines de sésame et servez.

Poulet sauté au poivre du Sichuan

Pour 4 personnes

1/4 c. c. de poudre cinq-épices
750 g de blancs de poulet coupés en deux
2 c. s. d'huile d'arachide
1 c. s. de gingembre en fines lanières
1 c. c. de grains de poivre du Sichuan écrasés
1 c. c. de sauce aux haricots rouges (toban jian)
2 c. s. de sauce de soja claire
1 c. s. d'alcool de riz
250 g de riz au jasmin
600 g de bok choy

1 Saupoudrez les blancs de poulet de poudre cinq-épices. Préchauffez une grande cocotte, badigeonnez le fond d'huile d'arachide et faites revenir la viande 2 minutes de chaque côté jusqu'à ce qu'elle soit dorée. Retirez de la cocotte et réservez au chaud.

2 Baissez le feu et faites revenir le gingembre dans la même cocotte pendant 30 secondes. Ajoutez les grains de poivre écrasés et la sauce aux haricots rouges. Remettez le poulet dans la poêle, versez la sauce de soja, l'alcool de riz et 125 ml d'eau, puis laissez mijoter 15 à 20 minutes.

3 Pendant ce temps, faites cuire le riz pendant 12 minutes dans un grand volume d'eau bouillante salée, puis égouttez-le bien.

4 Faites chauffer le reste d'huile dans une sauteuse, puis faites revenir rapidement le bok choy jusqu'à ce que les feuilles commencent à se flétrir. Servez aussitôt avec le riz et le poulet.

PRATIQUE La poudre cinq-épices est un mélange délicatement parfumé de fenugrec, d'anis étoilé, de clous de girofle et de poivre du Sichuan (en vente dans les épiceries asiatiques). À défaut de sauce aux haricots rouges, vous pouvez utiliser de la sauce hoisin, une sauce épaisse à la fois épicée et sucrée à base de haricots de soja (en vente dans les épiceries asiatiques).

Ziti à la carbonara

Pour 4 personnes

500 g de ziti (pâtes longues en forme de tubes)
1 c. s. d'huile d'olive
200 g de pancetta (lard maigre) en lanières
4 jaunes d'œufs
300 ml de crème fraîche
50 g de parmesan râpé
2 c. s. de persil plat frais haché

1 Faites cuire les ziti dans un grand volume d'eau bouillante salée. Égouttez-les, puis remettez-les dans la casserole. Pendant que les pâtes cuisent, versez l'huile d'olive dans une poêle et faites revenir la pancetta jusqu'à ce qu'elle soit dorée et croustillante.

2 Battez les jaunes d'œufs, la crème et le parmesan dans un saladier. Salez et poivrez à votre convenance. Versez cette préparation sur les pâtes et mélangez délicatement. Ajoutez la pancetta et le persil, puis réchauffez rapidement le tout à feu très doux (les œufs ne doivent pas durcir). Servez aussitôt. Vous pouvez présenter à part, sur une assiette, un morceau de parmesan et une râpe à fromage.

Penne rigate au porc

Pour 4 personnes

6 saucisses italiennes au porc et au fenouil
1 c. s. d'huile d'olive
1 petit oignon rouge finement haché
3 gousses d'ail écrasées
1/2 c. c. de piment sec pilé
300 g de champignons de Paris émincés
800 g de tomates en boîte coupées en dés
1 c. s. de thym frais haché
500 g de penne rigate (pâtes cannelées en forme de tubes)

1 Ouvrez les saucisses en deux, retirez la chair et jetez la peau.

2 Faites chauffer l'huile dans une cocotte et faites revenir l'oignon 3 à 4 minutes jusqu'à ce qu'il soit translucide. Ajoutez l'ail, le piment, les champignons et la chair des saucisses. Faites cuire 4 à 5 minutes à feu vif, en remuant régulièrement, jusqu'à ce que la viande se colore. Dégraissez la préparation en conservant 1 cuillerée à soupe seulement de matière grasse dans la poêle. Prolongez la cuisson pendant 10 minutes, en remuant de temps en temps.

3 Ajoutez les tomates et le thym. Portez à ébullition, couvrez, puis réduisez la chaleur et laissez mijoter 20 minutes en remuant régulièrement.

4 Pendant ce temps, faites cuire les penne rigate dans un grand volume d'eau bouillante salée. Égouttez les pâtes, transférez-les dans un plat de service, nappez de sauce à la viande et remuez délicatement. Servez avec du parmesan et une salade verte assaisonnée au vinaigre balsamique.

PRATIQUE Vous pouvez remplacer les saucisses italiennes par des chipolatas et parfumer la sauce en y ajoutant quelques graines de fenouil écrasées.

Cotelli aux légumes de printemps

Pour 4 personnes

500 g de cotelli (pâtes creuses en forme de coudes)
300 g de petits pois épluchés
300 g de fèves pelées et blanchies
80 ml d'huile d'olive
6 oignons nouveaux en morceaux de 3 cm
2 gousses d'ail pilées
250 ml de bouillon de poule
12 asperges vertes en tronçons de 5 cm
1 c. c. de zeste de citron râpé
60 ml de jus de citron

1 Faites cuire les cotelli dans un grand volume d'eau bouillante salée. Égouttez-les, puis remettez-les dans la casserole. Pendant ce temps, faites cuire les petits pois dans l'eau bouillante jusqu'à ce qu'ils soient tendres. Retirez-les de la casserole avec une écumoire, puis passez-les sous l'eau froide pour arrêter la cuisson. Réservez. Procédez de même avec les fèves en retirant la fine pellicule blanche qui les recouvre après les avoir rincées.

2 Faites chauffer 2 cuillerées à soupe d'huile dans une cocotte et faites revenir les oignons et l'ail à feu vif, jusqu'à ce que les oignons soient tendres. Versez le bouillon et laissez cuire 5 minutes jusqu'à réduction du liquide. Ajoutez les asperges et laissez cuire 3 à 4 minutes jusqu'à ce qu'elles soient juste tendres. Ajoutez les petits pois et les fèves et laissez-les chauffer 2 à 3 minutes.

3 Versez le reste d'huile d'olive sur les pâtes, ajoutez les légumes, le zeste de citron et le jus de citron. Salez et poivrez à votre convenance, puis remuez délicatement. Servez aussitôt avec du parmesan fraîchement râpé.

Ragoût de veau aux fettuccine

Pour 4 personnes

3 c. s. d'huile végétale
1 kg d'épaule de veau en cubes
1 gros oignon émincé
3 gousses d'ail finement hachées
60 g de paprika doux
1/2 c. c. de graines de carvi
800 g de tomates entières en boîte, coupées en dés (réservez la moitié du jus)
350 g de fettuccine fraîches
40 g de beurre ramolli

1 Faites chauffer la moitié de l'huile dans une cocotte et faites brunir le veau en plusieurs fois, jusqu'à ce qu'il soit doré sur toutes ses faces. Réservez la viande.

2 Faites chauffer le reste d'huile dans la même cocotte et faites revenir l'oignon et l'ail pendant 5 minutes en remuant sans cesse, jusqu'à ce que l'oignon soit tendre. Ajoutez le paprika et la moitié des graines de carvi et laissez cuire 30 secondes, sans cesser de remuer.

3 Incorporez les tomates, le jus réservé et 125 ml d'eau. Ajoutez la viande et le jus de cuisson. Portez à ébullition, puis baissez le feu et couvrez. Laissez mijoter 1 h 15 à feu doux, jusqu'à épaississement de la sauce. Réservez au chaud.

4 Faites cuire les fettuccine dans un grand volume d'eau bouillante salée. Égouttez-les puis remettez-les dans la casserole. Incorporez le beurre et les graines de carvi restantes. Répartissez les pâtes dans les assiettes de service, garnissez de ragoût de veau et servez aussitôt.

ASTUCE Le ragoût doit être servi très chaud. Vous pouvez le garder au chaud en le laissant mijoter à feu très doux pendant que les pâtes cuisent, ou mettre les pâtes à cuire 15 minutes avant que la viande ait fini de cuire.

Soupe de tomates aux ditalini

Pour 4 personnes

2 c. s. d'huile d'olive
1 gros oignon émincé
2 branches de céleri en rondelles
3 tomates bien mûres
1,5 l de bouillon de poule ou de légumes
90 g de ditalini (petites pâtes en forme de dés)
2 c. s. de persil plat frais ciselé

1 Faites chauffer l'huile dans une cocotte et faites revenir l'oignon et le céleri jusqu'à ce que l'oignon soit tendre.

2 Entaillez délicatement les tomates à la base et laissez-les tremper 1 minute dans un saladier d'eau bouillante. Rincez-les sous l'eau froide puis retirez la peau. Coupez-les en deux et ôtez les pépins. Mettez les moitiés de tomates dans la cocotte avec le bouillon, puis portez à ébullition. Ajoutez les ditalini et laissez cuire 10 minutes, jusqu'à ce que les pâtes soient *al dente*. Salez, poivrez et saupoudrez de persil avant de servir.

Tortellini aux poivrons et aux amandes

Pour 4 personnes

1 poivron rouge
1 poivron jaune
60 g d'amandes effilées
8 oignons nouveaux
2 gousses d'ail pilées
500 g de tortellini au fromage
170 ml d'huile d'olive
30 g de pecorino râpé

1 Coupez les poivrons en quatre, retirez les membranes et les pépins. Disposez les morceaux de poivron sur la plaque du four, côté peau tourné vers le haut, et faites-les griller jusqu'à ce que la peau noircisse et se boursoufle. Transférez-les dans un saladier et couvrez d'un film alimentaire. Laissez reposer 10 minutes puis retirez la peau.

2 Faites griller les amandes à sec (sans matière grasse) dans une poêle antiadhésive jusqu'à ce qu'elles se colorent.

3 Coupez en quatre le bulbe de 7 oignons et détaillez les tiges en fines rondelles. Mixez les poivrons, les amandes, l'ail et le bulbe des oignons jusqu'à obtention d'un mélange homogène.

4 Faites cuire les tortellini dans un grand volume d'eau bouillante salée. Égouttez-les puis transférez-les dans un saladier préchauffé. Nappez de sauce aux poivrons et aux amandes, ajoutez l'huile et le pecorino, puis mélangez délicatement. Salez et poivrez. Décorez avec le dernier oignon nouveau coupé en rondelles et servez aussitôt.

Spaghettis aux tomates fraîches et au basilic

Pour 4 personnes

400 g de spaghettis
5 c. s. d'huile d'olive
5 gousses d'ail émincées
6 tomates épépinées et coupées en dés
25 g de feuilles de basilic ciselées

1 Faites cuire les pâtes dans un grand volume d'eau bouillante salée.

2 Pendant ce temps, faites chauffer 4 cuillerées à soupe d'huile dans une cocotte et faites revenir l'ail 1 minute à feu doux. Dès qu'il se colore, retirez la cocotte du feu et versez le reste d'huile.

3 Égouttez bien les pâtes, puis transvasez-les dans la cocotte avec les tomates et le basilic. Salez et poivrez généreusement. Mélangez bien et servez aussitôt. Proposez à part du parmesan fraîchement râpé et de l'huile d'olive parfumée au basilic.

Agnolotti sauce Alfredo

Pour 4 personnes

625 g d'agnolotti de veau
90 g de beurre
150 g de parmesan râpé
300 ml de crème fraîche
2 c. s. de marjolaine fraîche

1 Faites cuire les agnolotti dans une grande casserole d'eau bouillante salée. Égouttez-les, puis remettez-les dans la casserole.

2 Pendant que les pâtes cuisent, faites fondre le beurre à feu doux dans une petite cocotte. Ajoutez le parmesan et la crème et portez à ébullition. Réduisez le feu et laissez mijoter à feu doux sans cesser de remuer, jusqu'à épaississement de la sauce. Incorporez la marjolaine, salez et poivrez. Versez cette sauce sur les pâtes, mélangez délicatement et servez aussitôt.

ASTUCE Vous pouvez remplacer la marjolaine par d'autres herbes aromatiques comme le persil, le thym, l'aneth ou le cerfeuil.

Curry de poulet thaï

Pour 4 personnes

250 g de riz au jasmin
1 c. s. d'huile végétale
2 c. s. de pâte de curry vert
4 feuilles de citronnier kaffir
1 c. s. de nuoc-mâm
2 c. c. de sucre de palme
400 ml de lait de coco en boîte
750 g de blancs de poulet (sans la peau) en tranches épaisses
4 c. s. de feuilles de coriandre fraîche hachées grossièrement
2 c. s. de feuilles de coriandre fraîche entières

1 Portez à ébullition un grand volume d'eau salée. Versez le riz et laissez cuire 12 minutes, en remuant de temps en temps, puis égouttez bien.

2 Pendant ce temps, faites chauffer l'huile dans une cocotte et faites revenir la pâte de curry et les feuilles de citronnier jusqu'à ce que le mélange embaume. Ajoutez le sucre de palme et le nuoc-mâm sans cesser de remuer, puis versez le lait de coco et portez à ébullition. Ajoutez les morceaux de poulet. Baissez le feu, couvrez et laissez mijoter 12 à 15 minutes, jusqu'à épaississement.

3 Au moment de servir, incorporez la coriandre hachée au riz. Servez le curry parsemé de feuilles de coriandre entières.

PRATIQUE Originaire de Thaïlande, le citronnier kaffir donne des fruits à la peau bosselée. Ses feuilles sont couramment utilisées dans la cuisine asiatique. On les trouve fraîches ou surgelées dans les magasins exotiques. Les feuilles sèches sont moins savoureuses. À défaut, remplacez-les par de la citronnelle, mais le résultat sera moins bon.

Soupe au poulet et aux épinards

Pour 4 personnes

1 c. s. d'huile d'olive
1 poireau émincé
2 gousses d'ail pilées
1 c. c. de cumin moulu
1,5 l de bouillon de poule
2 blancs de poulet (sans la peau)
200 g de risoni (petites pâtes en forme de grains de riz)
150 g de pousses d'épinards hachées grossièrement
1 c. s. d'aneth frais haché
2 c. c. de jus de citron

1 Faites chauffer l'huile dans une cocotte et faites cuire le poireau 8 à 10 minutes à feu doux, jusqu'à ce qu'il soit tendre. Ajoutez l'ail et le cumin. Laissez cuire 1 minute, puis versez le bouillon et portez à ébullition. Réduisez le feu, ajoutez les blancs de poulet, couvrez et laissez mijoter 8 minutes à feu doux. Quand la viande est cuite, retirez-la avec une écumoire, laissez tiédir, puis découpez-la en fines lanières.

2 Faites cuire les risoni 12 minutes dans le bouillon jusqu'à ce qu'ils soient *al dente*.

3 Remettez le poulet dans le bouillon avec les pousses d'épinards et l'aneth. Laissez mijoter 2 minutes jusqu'à ce que les feuilles d'épinards commencent à se flétrir. Ajoutez le jus de citron. Salez et poivrez. Remuez et servez aussitôt.

Bœuf à la sauce de haricots noirs

Pour 4 personnes

4 c. s. de haricots noirs salés en conserve
750 g de rumsteck
1 c. s. d'huile d'arachide
1 c. s. d'huile de sésame
1 gros oignon émincé
1 gousse d'ail finement hachée
1 morceau de gingembre frais pelé et finement haché
1 petit piment rouge frais émincé
2 c. c. de farine de maïs
2 c. s. de sauce de soja
1 c. c. de sucre
60 ml de bouillon de bœuf
1 oignon nouveau coupé en rondelles

1 Rincez les haricots noirs et faites-les tremper 5 minutes dans l'eau froide, puis égouttez-les et écrasez-les à la fourchette. Coupez la viande en tranches fines.

2 Faites chauffer la moitié de l'huile de sésame et la moitié de l'huile d'arachide dans une cocotte et faites revenir la viande pendant 2 minutes, jusqu'à ce qu'elle se colore. Réservez la viande et le jus de cuisson dans un saladier. Faites chauffer le reste d'huile dans la même cocotte et faites revenir l'oignon pendant 2 minutes, en remuant sans cesse. Ajoutez l'ail, le gingembre et le piment. Prolongez la cuisson pendant 1 minute, sans cesser de remuer.

3 Délayez la farine de maïs dans 1 cuillerée à café d'eau. Remettez le bœuf et son jus de cuisson dans la cocotte. Ajoutez les haricots noirs, la sauce de soja, le sucre, le bouillon et la farine de maïs. Portez à ébullition, puis laissez mijoter 5 minutes à couvert jusqu'à ce que la sauce épaississe. Garnissez de rondelles d'oignon nouveau et servez avec du riz blanc.

Spaghettis à la niçoise

Pour 4 personnes

350 g de spaghettis
8 œufs de caille (ou 4 œufs de poule)
3 × 185 g de thon à l'huile en boîte
50 g d'olives noires dénoyautées et coupées en deux
100 g de tomates séchées coupées en deux
4 filets d'anchois en petits morceaux
1 c. c. de zeste de citron râpé
2 c. s. de jus de citron
3 c. s. de câpres égouttées
3 c. s. de persil plat frais haché

1 Faites cuire les pâtes dans un grand volume d'eau bouillante salée. Pendant ce temps, mettez les œufs dans une casserole d'eau froide, portez à ébullition et laissez cuire 4 minutes (10 minutes pour des œufs de poule). Passez les œufs à l'eau froide avant de les écaler. Coupez-les en deux (en quatre pour les œufs de poule).

2 Dans un grand saladier, mélangez le thon, les olives, les tomates, les anchois, le jus et le zeste de citron, les câpres et 2 cuillerées à soupe de persil haché. Rincez les pâtes à l'eau froide, égouttez-les bien et versez-les dans le saladier. Mélangez délicatement. Répartissez les pâtes à la niçoise dans les assiettes de service, décorez avec les moitiés d'œufs, parsemez de persil haché et servez.

ASTUCE Vous pouvez préparer cette salade quelques heures à l'avance et la servir très fraîche. Proposez séparément un assortiment d'olives et des tomates cerises.

Penne au potiron et au prosciutto

Pour 4 personnes

500 g de penne
460 g de potiron, coupé en dés de 1 cm
60 ml d'huile d'olive
2 gousses d'ail écrasées
100 g de tomates séchées, hachées
4 tranches de prosciutto (jambon cru italien) hachées
250 g de ricotta en dés de 1 cm
3 c. s. de basilic frais en lanières

1 Faites cuire les penne dans un grand volume d'eau bouillante salée, puis égouttez-les. Pendant ce temps, faites cuire le potiron dans l'eau bouillante jusqu'à ce qu'il soit juste tendre (comptez 10 minutes environ), puis égouttez-le.

2 Faites chauffer l'huile dans une poêle et faites revenir l'ail 30 secondes à feu moyen. Ajoutez les tomates, le prosciutto, le potiron et les pâtes. Mélangez délicatement pendant 2 minutes sur le feu, jusqu'à ce que la préparation soit bien chaude.

3 Ajoutez la ricotta et le basilic. Salez et poivrez. Servez aussitôt.

Poulet en sauce aux artichauts et aux fèves

Pour 4 personnes

155 g de fèves congelées
8 blancs de poulet (sans la peau)
60 g de farine
2 c. s. d'huile
1 gros oignon rouge en tranches fines
125 ml de vin blanc sec
300 ml de bouillon de poule
2 c. c. de romarin frais finement haché
340 g d'artichauts marinés, égouttés et coupés en quatre
800 g de pommes de terre en morceaux
60 g de beurre

1 Retirez la pellicule des fèves. Roulez les blancs de poulet dans la farine, puis secouez-les pour éliminer l'excédent. Faites chauffer l'huile dans une cocotte et faites dorer les blancs de poulet sur toutes les faces. Retirez de la casserole et égouttez sur du papier absorbant.

2 Ajoutez l'oignon dans la cocotte et laissez cuire 3 à 4 minutes jusqu'à ce qu'il soit tendre. Versez alors le vin et laissez bouillir 2 minutes jusqu'à épaississement. Ajoutez 250 ml de bouillon et portez à ébullition. Remettez le poulet dans la cocotte, ajoutez le romarin, couvrez et laissez mijoter 45 minutes à feu doux. Ajoutez les artichauts, portez à ébullition, puis laissez mijoter 10 à 15 minutes sans couvrir. Ajoutez les fèves et prolongez la cuisson à feu doux pendant 5 minutes.

3 Pendant ce temps, faites cuire les pommes de terre dans une casserole d'eau bouillante salée. Égouttez-les, mettez-les dans un plat avec le beurre et le reste de bouillon, que vous aurez fait chauffer au préalable. Écrasez-les à la fourchette en ajoutant un peu d'eau de cuisson si la purée reste trop épaisse. Servez le ragoût accompagné de cette purée.

PRATIQUE N'utilisez jamais de mixeur pour écraser les pommes de terre car vous obtiendriez une purée collante.

Lasagnes aux champignons et aux épinards

Pour 4 personnes

250 g de ricotta fraîche
65 g de parmesan râpé
4 c. s. d'huile d'olive
1 oignon émincé
2 gousses d'ail pilées
500 g de champignons bruns émincés
300 g de sauce tomate
6 feuilles de lasagnes fraîches en carrés de 12 cm
200 g de pousses d'épinards

1 Mélangez la ricotta et la moitié du parmesan, assaisonnez généreusement. Faites chauffer 2 cuillerées à soupe d'huile dans une cocotte et faites revenir l'oignon jusqu'à ce qu'il soit tendre. Ajoutez l'ail et les champignons et prolongez la cuisson pendant 2 minutes, jusqu'à ce que les champignons soient tendres. Versez la sauce tomate et laissez cuire 5 à 6 minutes jusqu'à épaississement. Salez et poivrez.

2 Pendant ce temps, portez à ébullition un grand volume d'eau. Ajoutez 1 pincée de sel et 1 cuillerée à soupe d'huile et plongez les carrés de pâte 3 minutes dans l'eau bouillante, puis égouttez-les en les séparant bien.

3 Faites fondre les pousses d'épinards dans un fond d'eau, couvrez et laissez cuire à feu moyen 1 à 2 minutes jusqu'à ce que les feuilles commencent à se flétrir.

4 Disposez sur chaque assiette 1 carré de pâte, nappez de sauce aux champignons, recouvrez avec un autre carré de pâte, parsemez de ricotta, puis recouvrez d'épinards. Terminez par un carré de pâte, badigeonnez-le d'huile et saupoudrez de parmesan. Salez et poivrez. Servez aussitôt, avec une salade verte.

Poulet à la marocaine

Pour 4 personnes

1 c. s. de mélange d'épices pour tagine
800 g de blancs de poulet (sans la peau) coupés en deux
1 c. s. d'huile
60 g de beurre
1 gros oignon émincé
1 bâton de cannelle
2 gousses d'ail pilées
2 citrons confits coupés en quatre
2 c. s. de jus de citron
250 ml de bouillon de poule
75 g de pruneaux dénoyautés coupés en deux
225 g de couscous

1 Étalez la moitié des épices sur les blancs de poulet. Faites chauffer l'huile et 20 g de beurre dans une cocotte et faites cuire les blancs de poulet en deux fois, jusqu'à ce qu'ils soient dorés. Retirez de la cocotte et réservez. Mettez l'oignon et le bâton de cannelle dans la cocotte et laissez cuire 2 à 3 minutes avant d'ajouter l'ail. Remettez le poulet dans la cocotte, ajoutez les quartiers de citron, le jus de citron et le reste des épices. Salez et poivrez. Couvrez et laissez cuire 5 minutes à feu moyen.

2 Versez le bouillon et ajoutez les pruneaux, puis portez à ébullition. Réduisez le feu et laissez mijoter 15 minutes, jusqu'à ce que la viande soit cuite et que la sauce ait épaissi. Au moment de servir, incorporez 20 g de beurre à la sauce et mélangez.

3 Pendant que le poulet finit de cuire, préparez le couscous : mettez la semoule dans un saladier résistant à la chaleur, versez 375 ml d'eau bouillante et laissez reposer 5 minutes jusqu'à complète absorption du liquide. Incorporez 20 g de beurre et égrenez le couscous avec une fourchette jusqu'à ce que le beurre soit bien réparti et les grains de couscous bien séparés. Servez le poulet accompagné de la semoule.

Tagliatelles à la feta, aux tomates et à la roquette

Pour 4 personnes

4 tomates bien mûres
1 petit oignon émincé
4 c. s. de basilic frais grossièrement ciselé
2 c. s. d'huile d'olive
375 g de tagliatelles
2 gousses d'ail finement hachées
150 g de pousses de roquette
150 de feta émiettée
15 g de petites feuilles de basilic frais

1 Entaillez la base des tomates et faites-les tremper 1 minute dans un grand volume d'eau bouillante, puis passez-les sous l'eau froide. Pelez-les, puis coupez-les en deux et épépinez-les. Détaillez-les en petits dés et mettez-les dans un saladier avec l'oignon et le basilic. Ajoutez 1 cuillerée à soupe d'huile d'olive, mélangez et réservez.

2 Faites cuire les tagliatelles dans un grand volume d'eau bouillante salée. Égouttez les pâtes en conservant 125 ml d'eau de cuisson. Remettez les pâtes dans la casserole. Ajoutez le reste d'huile, l'ail et l'eau réservée. Faites chauffer le tout 2 minutes, puis ajoutez le mélange à base de tomates, la roquette et la feta. Assaisonnez. Décorez de feuilles de basilic et servez aussitôt.

Tagliatelles à la bolognaise

Pour 4 personnes

100 g de bacon ou de pancetta (lard maigre), en fines tranches
1 oignon émincé
3 gousses d'ail pilées
1 feuille de laurier
800 g de bœuf maigre haché
500 ml de vin rouge
90 g de purée de tomates
400 g de tagliatelles

1 Préchauffez une cocotte à fond anti-adhésif et faites revenir le bacon à feu vif jusqu'à ce qu'il commence à brunir. Ajoutez l'oignon, l'ail et la feuille de laurier, puis laissez cuire 2 minutes jusqu'à ce que l'oignon soit tendre.

2 Ajoutez la viande hachée et laissez cuire 4 minutes sans cesser de remuer, jusqu'à ce qu'elle se colore. Versez alors le vin, la purée de tomates et 250 ml d'eau. Mélangez bien, puis portez à ébullition. Baissez le feu, couvrez et laissez mijoter 40 minutes à feu doux. Retirez le couvercle et prolongez la cuisson à feu doux pendant 40 minutes, jusqu'à épaississement.

3 Faites cuire les tagliatelles dans un grand volume d'eau bouillante salée, puis égouttez-les. Nappez de sauce à la viande et servez aussitôt. Vous pouvez proposer à part du parmesan fraîchement râpé dont chacun se servira à sa convenance.

Curry de bœuf au lait de coco

Pour 4 personnes

2 c. s. d'huile
1 gros oignon émincé
2 c. s. de pâte de curry vindaloo
1 kg de macreuse de bœuf en cubes
250 ml de bouillon de bœuf
200 ml de lait de coco
250 g de riz basmati
1 c. c. de curcuma en poudre
feuilles de coriandre fraîches (pour décorer)

1 Faites chauffer l'huile dans une cocotte et faites revenir l'oignon 3 minutes à feu vif, jusqu'à ce qu'il soit tendre. Ajoutez la pâte de curry et laissez cuire en remuant bien jusqu'à ce que le mélange embaume. Faites cuire la viande dans cette préparation en la retournant plusieurs fois pour qu'elle se colore sur toutes les faces.

2 Versez le bouillon dans la cocotte. Portez à ébullition, puis baissez le feu et laissez mijoter 1 heure à couvert. Ôtez le couvercle et prolongez la cuisson pendant 15 minutes jusqu'à épaississement. Versez alors le lait de coco, amenez au premier bouillon et laissez mijoter 20 minutes à feu doux jusqu'à ce que le liquide ait réduit de moitié.

3 Mettez le riz dans une casserole avec le curcuma et 440 ml d'eau froide, puis portez à ébullition. Baissez le feu et laissez cuire le riz 10 minutes à feu très doux, puis laissez reposer 10 minutes hors du feu. Disposez le riz sur les assiettes de service, garnissez de bœuf au curry et décorez de feuilles de coriandre.

ASTUCE Le curry est meilleur s'il est préparé la veille. Réchauffez-le à feu doux pendant que le riz cuit.

Poulet au cidre et sa purée sucrée-salée

Pour 4 personnes

1 kg de blancs de poulet, en dés de 2 cm
3 c. c. de thym frais finement haché
1 c. s. d'huile
90 g de beurre
3 échalotes émincées
375 ml de cidre
1 kg de pommes de terre coupées en dés
2 grosses pommes vertes pelées, évidées et coupées en huit
170 ml de crème fraîche

1 Assaisonnez les blancs de poulet avec 2 cuillerées à café de thym, du sel et du poivre du moulin. Faites chauffer l'huile et 20 g de beurre dans une cocotte et faites revenir la viande, jusqu'à ce qu'elle soit dorée. Retirez de la poêle et réservez.

2 Ajoutez l'échalote et le reste de thym dans la poêle et faites-les revenir pendant 2 minutes. Versez le cidre et portez à ébullition, en grattant le fond de la cocotte avec une cuillère en bois. Remettez le poulet dans la poêle et couvrez. Réduisez le feu et laissez mijoter 35 à 40 minutes à feu doux.

3 Pendant ce temps, faites cuire les pommes de terre à l'eau ou à la vapeur. Mettez les pommes dans une petite casserole avec un peu d'eau, et laissez fondre à feu moyen. Égouttez bien, puis mélangez les pommes de terre et les pommes, remettez sur le feu pour éliminer l'humidité. Retirez du feu et écrasez-les à la fourchette. Incorporez 2 cuillerées à soupe de crème fraîche et le reste du beurre, mélangez avec une cuillère en bois, puis assaisonnez généreusement.

4 Versez le reste de crème dans la cocotte et laissez cuire 2 à 4 minutes jusqu'à ce que la sauce épaississe. Servez accompagné de la purée sucrée-salée.

Tagine de légumes

Pour 4 personnes

60 ml d'huile d'olive
1 gros poivron rouge
1 grosse aubergine
400 g de tomates en boîte
1 c. s. de harissa
1 c. s. d'épices pour tagine
250 ml de bouillon de légumes
2 courgettes
225 g de couscous
20 g de beurre

1 Coupez le poivron en quatre. Faites chauffer 1 cuillerée à soupe d'huile dans une cocotte, disposez les quartiers de poivron côté peau au fond, couvrez et faites cuire 3 à 4 minutes, jusqu'à ce que la peau se colore. Retirez de la cocotte, puis ôtez la peau et coupez la chair en lanières de 1 cm.

2 Coupez l'aubergine en deux dans la longueur, puis en tranches épaisses. Faites chauffer le reste d'huile dans la cocotte et faites revenir l'aubergine 5 minutes à feu moyen, jusqu'à ce qu'elle se colore. Réservez.

3 Remettez les poivrons dans la cocotte, ajoutez les tomates en morceaux, la harissa et les épices. Versez le bouillon et portez à ébullition. Baissez le feu et laissez frémir 15 minutes, sans couvrir. Ajoutez les courgettes et l'aubergine et prolongez la cuisson pendant 8 minutes, jusqu'à ce que les légumes soient tendres.

4 Pendant ce temps, mettez le couscous dans un saladier résistant à la chaleur. Versez 375 ml d'eau bouillante et laissez gonfler 5 minutes. Ajoutez le beurre et mélangez délicatement à la fourchette. Servez les légumes accompagnés de semoule.

PRATIQUE La harissa est une sauce épaisse de piments, d'ail et d'huile, vendue en tubes ou en pots. On la trouve en grandes surfaces.

Moules aux tomates et au basilic

Pour 4 personnes

125 ml de vin blanc sec
2 feuilles de laurier
1 kg de moules grattées et ébarbées
500 g de sauce tomate
1 ou 2 c. c. de sucre
2 c. s. d'huile d'olive
4 c. s. de basilic frais en lanières
2 c. s. de ciboulette émincée

1 Dans une cocotte, portez à ébullition le vin avec les feuilles de laurier. Ajoutez les moules en éliminant celles qui sont cassées, couvrez et laissez cuire 4 minutes à feu vif, jusqu'à ce qu'elles s'ouvrent (jetez celles qui restent fermées).

2 Dans un saladier, mélangez la sauce tomate, le sucre, l'huile et le basilic jusqu'à obtention d'une préparation homogène.

3 Égouttez les moules en réservant le jus de cuisson. Remettez-les dans la cocotte, ajoutez la préparation à base de tomates et 125 ml de jus de cuisson, puis laissez cuire 3 minutes en remuant. Décorez de ciboulette et servez aussitôt.

Lasagnes fraîches aux légumes et à la roquette

Pour 4 personnes

Sauce

80 ml de vinaigre balsamique
2 c. c. de cassonade

16 asperges vertes en tronçons de 5 cm
150 g de petits pois frais
2 grosses courgettes en rubans fins
2 feuilles de lasagne fraîches (24 x 35 cm)
100 g de feuilles de roquette
30 g de basilic frais ciselé grossièrement
2 c. s. d'huile d'olive
250 g de ricotta allégée
150 g de tomates séchées
quelques copeaux de parmesan

1 Faites fondre la cassonade dans le vinaigre à feu moyen. Baissez le feu et laissez mijoter 4 minutes jusqu'à ce que la sauce prenne la consistance d'un sirop. Retirez du feu.

2 Faites blanchir les asperges dans un grand volume d'eau bouillante salée, puis rincez-les à l'eau froide. Faites cuire séparément les petits pois et les courgettes, puis rincez-les à l'eau froide dès qu'ils sont juste tendres. Faites cuire les feuilles de lasagne dans un grand volume d'eau bouillante salée, jusqu'à ce qu'elles soient al dente. Passez-les sous l'eau froide et égouttez-les bien. Coupez chaque feuille en deux dans le sens de la longueur.

3 Mélangez les légumes, la roquette, l'huile d'olive et le basilic, salez et poivrez. Disposez une feuille de lasagne sur chaque assiette en laissant un des côtés déborder. Garnissez un tiers de la surface de légumes mélangés, ajoutez un peu de ricotta et de tomates séchées, salez et poivrez. Repliez un tiers de la feuille de lasagne sur les légumes, puis recouvrez d'une nouvelle couche de légumes, de ricotta et de tomates séchées. Repliez le dernier tiers de la feuille sur ce mélange. Recouvrez le tout de quelques légumes, d'un peu de ricotta et de tomates séchées, ajoutez quelques copeaux de parmesan et nappez délicatement de sirop au vinaigre balsamique en dessinant de fines marbrures sur les feuilles de lasagne.

Farfalle aux épinards et au bacon

Pour 4 personnes

400 g de farfalle
2 c. s. d'huile d'olive
250 g de bacon haché menu
1 oignon rouge émincé
250 g de pousses d'épinards sans les tiges
1 ou 2 c. s. de sauce aux piments doux
35 g de feta émiettée

1 Faites cuire les farfalle dans un grand volume d'eau bouillante salée, puis égouttez-les et remettez-les dans la casserole. Pendant ce temps, faites chauffer l'huile dans une cocotte et faites revenir le bacon 3 minutes à feu moyen jusqu'à ce qu'il soit doré. Ajoutez l'oignon et laissez cuire 4 minutes jusqu'à ce qu'il soit tendre. Faites fondre enfin les épinards jusqu'à ce que les feuilles commencent à se flétrir.

2 Transvasez cette préparation sur les pâtes puis versez la sauce aux piments. Salez et poivrez. Mélangez bien, dressez sur les assiettes de service et parsemez de feta. Servez aussitôt.

Côtelettes d'agneau au curry de Madras

Pour 4 personnes

60 ml d'huile
2 oignons émincés
250 g de yaourt nature
60 g de pâte de curry Madras
400 g de riz basmati
8 côtelettes d'agneau
4 c. s. de menthe fraîche hachée
60 g d'éclats d'amandes grillées

1 Faites chauffer 2 cuillerées à soupe d'huile dans une cocotte et faites revenir les oignons jusqu'à ce qu'ils soient tendres. Retirez-en la moitié et réservez. Dans la poêle, ajoutez 200 g de yaourt et 2 cuillerées à soupe de pâte de curry. Laissez cuire 2 minutes en remuant sans cesse, jusqu'à ce que les épices embaument. Incorporez le riz, mélangez bien, puis versez 500 ml d'eau et portez à ébullition. Réduisez le feu et laissez cuire 15 à 20 minutes jusqu'à ce que toute l'eau soit absorbée.

2 Pendant ce temps, badigeonnez les côtelettes avec le reste de pâte de curry et laissez mariner 5 minutes. Faites chauffer le reste d'huile dans une autre poêle et faites cuire les côtelettes 3 à 4 minutes de chaque côté. Retirez du feu, couvrez avec une feuille de papier sulfurisé et laissez reposer. Mélangez le reste de yaourt avec une cuillerée à soupe de menthe.

3 Incorporez le reste de menthe au riz et mélangez délicatement. Salez, poivrez. Répartissez le riz dans les assiettes de service, ajoutez deux côtelettes dans chaque assiette, décorez avec l'oignon réservé et les amandes grillées. Présentez le yaourt à la menthe séparément.

Cuisson à la poêle

Filet de bœuf sauce forestière

Pour 4 personnes

250 g de brocolis en gros bouquets
250 g de haricots verts équeutés
1 c. s. d'huile
60 g de beurre
4 filets de bœuf épais (160 g chacun)
3 gousses d'ail finement hachées
250 g de champignons mélangés (champignons de Paris, pleurotes, shiitake...)
2 c. c. de thym frais haché
125 ml de vin blanc sec

1 Faites cuire séparément les brocolis et les haricots dans une casserole d'eau bouillante légèrement salée jusqu'à ce qu'ils soient juste tendres. Égouttez et réservez.

2 Mélangez l'huile et 20 g de beurre dans une poêle et faites saisir la viande à feu vif. Le temps de cuisson variera selon que vous préférez une viande saignante (2 minutes de chaque côté) ou cuite à point (4 minutes de chaque côté). Retirez de la poêle, couvrez avec une feuille de papier sulfurisé et laissez reposer.

3 Faites fondre 20 g de beurre dans la poêle, faites revenir l'ail pendant 1 minute, puis ajoutez les champignons et laissez cuire 3 à 4 minutes jusqu'à ce qu'ils soient tendres. Incorporez le thym, puis retirez de la poêle.

4 Versez le vin blanc dans la poêle et déglacez le jus de cuisson en mélangeant bien avec une cuillère en bois. Portez à ébullition puis baissez le feu et laissez mijoter 2 à 3 minutes jusqu'à épaississement de la sauce. Incorporez le reste de beurre en plusieurs fois et fouettez jusqu'à l'obtention d'une sauce lisse.

5 Dressez la viande sur les assiettes de service préchauffées, nappez de sauce et garnissez de champignons. Disposez les haricots et les brocolis sur le côté.

Beignets de calamars

Pour 4 personnes

150 g de farine de pois chiches
2 c. c. de paprika
2 c. c. de cumin en poudre
1/2 c. c. de bicarbonate de soude
250 ml d'eau gazeuse
huile végétale pour la friture
6 calamars coupés en anneaux de 8 mm d'épaisseur

Salade de persil
1/4 de citron confit
60 ml d'huile d'olive
60 ml de jus de citron
1 gousse d'ail finement hachée
20 g de persil plat frais

1 Tamisez la farine, le paprika, le cumin et le bicarbonate de soude dans un saladier. Poivrez. Mélangez bien, faites un puits au milieu et incorporez progressivement l'eau en battant régulièrement, jusqu'à obtention d'un mélange homogène. Assaisonnez, couvrez et laissez reposer 30 minutes.

2 Retirez la chair du citron confit et émincez la peau en fines lanières. Battez le jus de citron, l'huile d'olive et l'ail dans un bol.

3 Versez de l'huile jusqu'à mi-hauteur d'une sauteuse et faites la chauffer. Pour vérifier la température, plongez un morceau de pain dans l'huile : il doit être brun en 15 secondes.

4 Trempez les calamars dans la pâte. Faites-les frire en plusieurs fois, en les plongeant environ 1 minute dans l'huile chaude, jusqu'à ce qu'ils prennent une couleur dorée et qu'ils soient croustillants. Égouttez-les sur du papier absorbant et gardez-les au chaud.

5 Mélangez le persil et le citron confit, versez l'assaisonnement et remuez délicatement. Dressez cette salade sur les assiettes de service et garnissez d'anneaux de calamars frits. Servez avec de la harissa dans des petites coupelles.

Darnes de thon au sésame

Pour 4 personnes

4 darnes de thon
115 g de graines de sésame
100 g de pousses de roquette
huile végétale pour la friture
1 c. s. de jus de citron
sauce aux piments doux (facultatif)

Salsa de tomates à la coriandre
2 tomates épépinées et coupées en dés
1 gousse d'ail pilée
2 c. s. de feuilles de coriandre fraîche hachées
2 c. s. d'huile d'olive

1 Coupez les darnes de thon en trois. Étalez les graines de sésame sur une feuille de papier sulfurisé, pressez plusieurs fois les morceaux de thon des deux côtés sur les graines étalées, puis réservez 15 minutes au réfrigérateur.

2 Pour la salsa de tomates, mélangez les tomates, l'ail, la coriandre, l'huile d'olive et le jus de citron dans un saladier. Couvrez et conservez au réfrigérateur jusqu'au moment de servir.

3 Versez 1,5 cm d'huile dans une sauteuse à fond épais et faites-la chauffer (elle ne doit pas fumer). Faites frire le thon en le retournant à mi-cuisson (comptez 2 minutes pour chaque côté). La chair doit rester rose au centre. Retirez de la sauteuse avec une écumoire et égouttez sur du papier absorbant. Disposez quelques feuilles de roquette sur les assiettes de service, ajoutez les morceaux de thon et garnissez de salsa de tomates. Vous pouvez napper les morceaux de thon d'un peu de sauce aux piments doux ou présenter cette dernière à part, dans des coupelles individuelles.

Escalopes de veau sauce au vin blanc

Pour 4 personnes

4 escalopes de veau (170 g chacune)
60 ml de vin blanc sec
100 g de crème fraîche épaisse
1 c. s. de moutarde à l'ancienne
2 c. s. de persil plat frais, haché

1 Étalez les escalopes de veau entre deux feuilles de papier sulfurisé et aplatissez-les avec un maillet à viande. Faites chauffer une poêle antiadhésive et faites cuire les escalopes 1 minute de chaque côté. Retirez de la poêle et réservez au chaud.

2 Versez le vin dans la poêle, portez à ébullition et laissez cuire 1 à 2 minutes en grattant délicatement le fond de la poêle avec une cuillère en bois. Quand le liquide a réduit de moitié, ajoutez la crème fraîche et laissez bouillonner jusqu'à ce que la sauce ait encore réduit de moitié. Ajoutez la moutarde et 1 cuillerée à soupe de persil. Mélangez bien. Remettez les escalopes dans la poêle pour les réchauffer et les imprégner de sauce. Disposez les escalopes sur les assiettes de service chaudes, décorez de persil frais et servez aussitôt, accompagné de pommes de terre vapeur.

Poulet sel-poivre à la sauce d'huîtres

Pour 4 personnes

250 g de riz au jasmin
40 g de farine
1 c. c. de poudre cinq-épices (voir page 30)
1 c. s. de sel de mer
1 c. c. de poivre blanc du moulin
750 g de blancs de poulet émincés
145 ml d'huile d'arachide
1,25 kg de légumes verts asiatiques (bok choy, choy sum et gai larn)
125 ml de sauce aux huîtres

1 Faites cuire le riz 12 minutes dans une grande casserole d'eau bouillante salée, en remuant de temps en temps, puis égouttez-le.

2 Mélangez la farine, la poudre cinq-épices, le sel et le poivre dans un grand saladier. Mettez le poulet dans ce mélange et agitez le récipient pour que la viande soit enrobée uniformément de farine. Faites chauffer 60 ml d'huile dans une sauteuse et faites frire le poulet en plusieurs fois, jusqu'à ce qu'il soit doré sur toutes ses faces et cuit à point. Retirez avec une écumoire et laissez égoutter sur du papier absorbant. Réservez au chaud.

3 Faites chauffer le reste d'huile et faites revenir les légumes à feu vif pendant 1 à 2 minutes, jusqu'à ce que les feuilles soient juste flétries. Nappez de sauce aux huîtres et mélangez. Servez le poulet sur un lit de riz au jasmin, accompagné de légumes.

PRATIQUE Les légumes verts sélectionnés pour cette recette se trouvent facilement dans les magasins de produits asiatiques. Vous pouvez cependant les remplacer par des pousses d'épinards ou du chou blanc. La sauce aux huîtres, à base d'huîtres en saumure et de sauce de soja, est également vendue dans les épiceries exotiques ou dans certaines grandes surfaces.

Agneau aux lentilles épicées

Pour 4 personnes

Raïta
125 g de yaourt nature
2 c. s. de menthe fraîche finement hachée

1 c. s. de garam masala
3 c. c. de cumin moulu
1/2 c. c. de piment en poudre
80 ml d'huile
4 côtes premières d'agneau
2 c. c. de gingembre frais râpé
1 c. c. de curcuma moulu
2 × 425 g de lentilles en boîte rincées et égouttées

1 Mélangez le yaourt et la moitié de la menthe dans un bol. Couvrez et réservez.

2 Faites chauffer le garam masala dans une poêle antiadhésive jusqu'à ce que le mélange embaume, puis réservez. Procédez de même avec le cumin. Mélangez ensuite le garam masala, 2 cuillerées à café de cumin, 2 cuillerées à soupe d'huile et le piment, puis étalez le tout sur l'agneau. Couvrez et laissez reposer au moins 10 minutes.

3 Faites chauffer 1 cuillerée à soupe d'huile dans la poêle et faites cuire le gingembre, le curcuma et le reste de cumin jusqu'à ce que le mélange embaume. Ajoutez les lentilles et réchauffez-les en remuant sans cesse. Baissez le feu, salez, couvrez et laissez cuire 5 minutes. Ajoutez au besoin un peu d'eau si les lentilles attachent. Au moment de servir, incorporez le reste de menthe.

4 Faites chauffer le reste d'huile dans une poêle et faites cuire l'agneau (comptez 3 à 4 minutes de chaque côté). Servez la viande sur les lentilles et nappez de yaourt à la menthe.

PRATIQUE Le garam masala est un mélange d'épices grillées et moulues ensemble. On y trouve généralement de la coriandre, du cumin, de la cannelle, de la noix de muscade et des clous de girofle. En vente dans les épiceries fines ou les épiceries asiatiques.

Pavé d'espadon à la salsa de tomates et purée à l'ail

Pour 4 personnes

500 g de pommes de terre coupées en dés
2 grosses tomates
2 c. s. de basilic frais en fines lanières
1 c. s. de vinaigre balsamique
3 gousses d'ail finement hachées
145 ml d'huile d'olive
4 pavés d'espadon (200 g chacun)

1 Faites cuire les pommes de terre dans un grand volume d'eau bouillante salée jusqu'à ce qu'elle soient tendres.

2 Entaillez légèrement la base des tomates avec la pointe d'un couteau, faites-les tremper 1 minute dans un saladier d'eau bouillante, passez-les sous l'eau froide et retirez la peau. Coupez-les en deux et épépinez-les, avant de les détailler en petits cubes. Mélangez-les avec le basilic, le vinaigre, 2 gousses d'ail et 2 cuillerées à soupe d'huile d'olive. Salez et poivrez.

3 Faites chauffer 60 ml d'huile d'olive dans une poêle antiadhésive. Salez et poivrez l'espadon, puis faites-le cuire 2 à 3 minutes de chaque côté.

4 Égouttez les pommes de terre, puis écrasez-les à la fourchette en ajoutant progressivement le reste d'huile d'olive et la dernière gousse d'ail. Rectifiez l'assaisonnement. Répartissez la purée dans les assiettes de service chaudes, disposez à côté les pavés d'espadon et ajoutez enfin la salsa de tomates. Servez aussitôt.

Porc au paprika

Pour 4 personnes

1 c. s. de paprika en poudre
4 côtes de porc
2 c. s. d'huile d'olive
60 ml de vinaigre balsamique
1/4 c. c. de poivre de Cayenne
125 ml de purée de tomates
400 g de pommes de terre coupées en petits cubes
8 échalotes pelées
200 g de feuilles de roquette

1 Mélangez le paprika avec un peu de sel et de poivre, puis étalez ce mélange sur les côtes de porc. Faites chauffer l'huile dans une grande poêle et faites revenir les côtelettes jusqu'à ce qu'elles soient dorées sur les deux faces.

2 Versez le vinaigre dans la poêle et grattez les sucs sur le feu avec une cuillère en bois. Ajoutez le poivre de Cayenne, la purée de tomates et 250 ml d'eau chaude. Portez à ébullition, puis ajoutez les pommes de terre et les échalotes. Baissez le feu, couvrez et laissez mijoter 30 minutes jusqu'à ce que la sauce ait réduit de moitié. Salez et poivrez.

3 Présentez une côtelette par assiette sur un lit de roquette, garnissez de pommes de terre et nappez de sauce. Servez aussitôt.

Calamars frits au sel et au poivre

Pour 4 personnes

125 g de farine de maïs
3 c. c. de sel
1 c. s. de poivre blanc moulu
3 petits piments rouges frais épépinés et hachés
1 kg de calamars nettoyés et coupés en anneaux
2 blancs d'œufs légèrement battus
huile végétale pour la friture
2 citrons en quartiers

1 Mélangez la farine, le sel, le poivre et le piment dans un saladier.

2 Trempez les calamars dans les blancs d'œufs battus, puis passez-les dans la farine et secouez-les pour éliminer l'excédent.

3 Versez de l'huile dans une sauteuse jusqu'à mi-hauteur et faites-la chauffer à feu très vif. Pour vérifier que l'huile est à la bonne température, plongez-y un cube de pain : il doit dorer en 15 secondes. Faites frire les calamars en plusieurs fois, en les plongeant 1 à 2 minutes dans l'huile chaude. Quand ils sont dorés, retirez-les avec une écumoire et laissez égoutter sur du papier absorbant. Servez chaud avec du riz à la vapeur et des quartiers de citron.

Salade japonaise au bœuf

Pour 4 personnes

750 g de rumsteck
3 c. c. de wasabi (condiment japonais à base de raifort)
1/2 c. c. de moutarde
1 c. c. de gingembre frais râpé
2 c. s. de vinaigre de riz blanc
3 c. s. de gingembre au vinaigre
1 c. s. de vinaigre
2 c. s. d'huile de sésame
60 ml d'huile végétale
100 g de pousses d'épinards
100 g de feuilles de cresson
4 radis en fines rondelles
1 petit concombre pelé et coupé en lanières
40 g de graines de sésame grillées

1 Salez et poivrez généreusement la viande. Préchauffer le four, puis faites griller la viande 2 à 3 minutes de chaque côté (elle doit rester saignante). Retirez du four et réservez au chaud.

2 Dans un saladier, mélangez le wasabi, la moutarde, le gingembre râpé, le vinaigre de riz, le gingembre au vinaigre dans un bol. Salez, puis incorporez progressivement l'huile de sésame et l'huile végétale en battant régulièrement, jusqu'à obtention d'une sauce liée. Ajoutez les épinards, le cresson, les radis et le concombre. Remuez.

3 Coupez la viande en tranches fines, en biais. Répartissez la salade dans les assiettes de service, garnissez de viande et parsemez de graines de sésame.

Fish and chips

Pour 4 personnes

30 g de farine à levure incorporée
30 g de farine de maïs
125 g de farine blanche
250 ml de bière
huile végétale pour la friture
4 grosses pommes de terre en tranches
4 filets de poisson à chair blanche
2 citrons en quartiers

1 Préchauffez le four à 180 °C. Mélangez la farine de maïs, la farine à levure incorporée et 60 g de farine blanche dans un grand saladier. Formez un puits au centre. Versez progressivement la bière sans cesser de battre, pour éviter la formation de grumeaux.

2 Versez l'huile dans une sauteuse jusqu'à mi-hauteur et faites-la chauffer. Pour vérifier que l'huile est à la bonne température, plongez-y un cube de pain : il doit dorer en 15 secondes. Faites frire les chips 2 à 4 minutes jusqu'à ce qu'elles soient dorées et cuites. Égouttez-les sur du papier absorbant et réservez au chaud dans le four ouvert.

3 Faites réchauffer l'huile jusqu'à ce qu'elle soit à la bonne température. Roulez les filets de poisson dans le reste de farine, puis secouez-les pour éliminer l'excédent. Trempez-les ensuite dans la pâte (voir étape 1), laissez égoutter, puis plongez-les dans l'huile et laissez frire 4 à 5 minutes jusqu'à ce qu'ils soient bien dorés et cuits à l'intérieur. Retirez avec une écumoire et égouttez sur du papier absorbant. Servez avec les chips et les quartiers de citron. Proposez une salade verte en accompagnement.

Omelette au nori et aux légumes grillés

Pour 4 personnes

8 œufs
1 feuille de nori (algue japonaise frite)
60 ml d'huile
1 gousse d'ail pilée
3 c. c. de gingembre frais râpé
1 carotte coupée en fins bâtonnets
2 courgettes coupées en deux dans le sens de la longueur, puis retaillées en tranches fines
200 g de champignons mélangés (pleurotes, shiitake, champignons de Paris...)
1 c. s. de sauce de soja
1 c. s. de mirin (vin de riz)
2 c. c. de miso (pâte fermentée à base de haricots de soja)

1 Battez les œufs légèrement. Roulez la feuille de nori, puis coupez-la en fines lanières avec des ciseaux. Mettez ces lanières dans les œufs, salez et poivrez, mélangez rapidement.

2 Faites chauffer 2 cuillerées à café d'huile dans une poêle en l'étalant uniformément. Versez 80 ml de la préparation aux œufs et faites cuire cette omelette 2 minutes jusqu'à ce qu'elle soit ferme. Retournez-la avec une spatule et laissez cuire 1 minute sur l'autre face. Retirez l'omelette de la poêle et réservez au chaud. Répétez trois fois l'opération avec le reste des œufs battus.

3 Faites chauffer le reste d'huile dans la poêle, ajoutez l'ail et le gingembre et faites-les frire 1 minute à feu vif. Ajoutez la carotte, les courgettes et les champignons et faites revenir le tout pendant 3 minutes, jusqu'à ce que les légumes soient tendres (procédez en plusieurs fois si nécessaire). Remettez tous les légumes dans la poêle, ajoutez la sauce de soja, le mirin et le miso, puis laissez mijoter 1 minute. Répartissez les légumes sur les omelettes avant de rouler ces dernières. Servez aussitôt avec du riz blanc.

Poulet teriyaki

Pour 4 personnes

4 blancs de poulet avec la peau
60 ml de sauce de soja brune
2 c. s. de saké (alcool de riz)
3 c. c. de mirin (vin de riz)
3 c. c. de cassonade
3 c. c. de gingembre frais râpé
300 g de riz long grain
2 c. s. de ciboulette fraîche hachée
2 c. s. d'huile

1 Étalez les blancs de poulet entre deux feuilles de papier sulfurisé et aplatissez-les avec un maillet à viande. Mettez la cassonade, la sauce de soja, le saké, le mirin et 1 cuillerée à café de gingembre dans un plat et remuez bien jusqu'à dissolution du sucre. Ajoutez les blancs de poulet en les retournant plusieurs fois dans cette marinade puis laissez reposer 1 heure au réfrigérateur.

2 Versez le riz dans un grand volume d'eau bouillante salée et faites-le cuire 12 minutes en remuant de temps en temps, puis égouttez-le. Ajoutez la ciboulette et le reste de gingembre, mélangez, puis couvrez jusqu'au moment de servir.

3 Égouttez le poulet et réservez la marinade. Faites chauffer l'huile dans une poêle et faites revenir le poulet pendant 5 minutes côté peau, jusqu'à ce que celle-ci croustille. Retournez les morceaux et laissez cuire 4 minutes sur l'autre face. Retirez la viande et réservez.

4 Versez la marinade et 60 ml d'eau dans la poêle en grattant les sucs avec une cuillère en bois. Portez à ébullition, puis remettez les blancs de poulet dans la poêle (côté peau sur le dessus). Faites cuire 5 à 6 minutes à feu vif, en les retournant une fois. Si la sauce est trop liquide, retirez la viande et faites bouillir jusqu'à épaississement. Coupez les blancs de poulet en tranches, nappez de sauce et servez avec le riz.

Galettes de saumon à l'aneth

Pour 4 personnes

400 g de pommes de terre nouvelles coupées en deux
2 c. c. de zeste de citron
310 g de mayonnaise
425 g de saumon en boîte égoutté
1 c. s. d'aneth frais hachés
2 oignons nouveaux émincés
1 œuf
80 g de chapelure
60 ml d'huile
200 g de feuilles de roquette
2 citrons coupés en quatre

1 Faites cuire les pommes de terre dans un grand volume d'eau bouillante salée jusqu'à ce qu'elles soient tendres. Égouttez et laissez refroidir.

2 Pendant ce temps, mélangez le zeste de citron et 250 g de mayonnaise dans un petit bol.

3 Transférez les pommes de terre dans un saladier et écrasez-les grossièrement. Ajoutez le saumon, l'aneth et les oignons, l'œuf et le reste de mayonnaise. Salez et poivrez, puis mélangez bien. Formez huit boulettes avec cette préparation, aplatissez-les et retournez-les plusieurs fois dans la chapelure pour les paner.

4 Faites chauffer l'huile dans une poêle antiadhésive et faites frire les beignets 3 à 4 minutes en les retournant plusieurs fois, jusqu'à ce qu'ils soient dorés. Égouttez sur du papier absorbant, puis servez sur un lit de roquette, avec la mayonnaise au citron et des quartiers de citron.

Saumon croustillant aux épices

Pour 4 personnes

1/2 c. c. de wasabi (condiment japonais à base de raifort)
80 ml de sauce de soja brune
5 c. s. de mirin (vin de riz)
1 c. c. de sucre
250 g de nouilles somen (nouilles de blé japonaises longues et fines)
1 c. c. d'huile de sésame
1 c. c. de sansho (épice japonaise au goût poivré) en poudre
1 c. s. d'huile végétale
3 filets de saumon de 200 g (sans la peau)
4 oignons nouveaux émincés
15 g de feuilles de coriandre fraîches
1 petit concombre

1 Coupez le concombre en deux dans la longueur, puis recoupez chaque moitié en fines tranches. Délayez le wasabi dans un peu de sauce de soja pour former une pâte onctueuse. Ajoutez le mirin, le sucre et le reste de sauce de soja. Réservez

2 Faites cuire les nouilles 2 minutes dans une grande casserole d'eau bouillante salée. Égouttez et rincez à l'eau froide, puis transférez-les dans un saladier. Versez l'huile de sésame et mélangez.

3 Mélangez le sansho, l'huile et un peu de sel dans une coupelle, puis étalez ce mélange sur le saumon. Préchauffez une poêle antiadhésive et faites cuire le saumon à feu moyen 2 à 3 minutes sur chaque face. Retirez du feu et émiettez avec une fourchette.

4 Ajoutez aux pâtes le saumon, les oignons, la coriandre, le concombre et la moitié de la sauce, puis mélangez délicatement. Répartissez le tout dans les assiettes de service et nappez avec le reste de sauce.

Bœuf Stroganoff

Pour 4 personnes

600 g de filet de bœuf ou de rumsteck en tranches
30 g de farine
375 g de fettucine ou de tagliatelles
60 g de beurre
1 petit oignon émincé
300 g de champignons de Paris émincés
1 c. s. de sauce tomate
60 ml de vin rouge
300 ml de crème fraîche

1 Étalez les tranches de bœuf entre deux feuilles de papier sulfurisé puis aplatissez-les avec un maillet à viande. Recoupez chaque tranche en lanières de 1 cm de large et mettez les morceaux dans un sac alimentaire en plastique avec la farine. Secouez bien.

2 Faites cuire les pâtes dans un grand volume d'eau bouillante salée. Égouttez et réservez au chaud.

3 Pendant ce temps, faites fondre 40 g de beurre dans une poêle et faites revenir l'oignon 2 minutes. Faites cuire le bœuf à feu vif jusqu'à ce qu'il se colore sur toutes les faces. Retirez de la poêle et réservez au chaud. Faites chauffer le reste de beurre dans la même poêle et faites cuire les champignons 2 à 3 minutes en remuant, jusqu'à ce qu'ils soient tendres et dorés. Versez la sauce tomate et le vin rouge et prolongez la cuisson pendant 2 minutes sans cesser de remuer, jusqu'à réduction du liquide. Ajoutez enfin le bœuf et la crème, puis baissez le feu et laissez frémir 1 minute jusqu'à épaississement de la sauce. Servez avec les pâtes.

Sandwichs turcs

Pour 4 personnes

1 gros poivron rouge
500 g d'agneau haché
1 œuf légèrement battu
1 petit oignon émincé
3 gousses d'ail pilées
2 c. s. de pignons de pin écrasés
1 c. s. de menthe fraîche finement hachée
1 c. s. de persil plat frais finement haché
1 c. c. de cumin moulu
2 c. c. de sauce aux piments
1 c. s. d'huile d'olive
4 petits pains turcs (pide)
220 g d'hoummous
100 g de pousses de roquette
1 petit concombre détaillé en lanières
sauce aux piments doux (facultatif)

1 Coupez les poivrons en quatre, retirez les pépins et les membranes intérieures, puis faites-les griller au four jusqu'à ce que la peau noircisse et se boursoufle. Transférez dans un saladier, couvrez et laissez refroidir. Retirez la peau et coupez la chair en lanières.

2 Mettez l'agneau, l'œuf, l'oignon, l'ail, les pignons de pin, les herbes, le cumin et la sauce aux pimets dans un saladier. Malaxez ce mélange à la main, puis préparez 4 galettes de 9 cm de diamètre.

3 Faites chauffer l'huile dans une poêle et faites revenir les boulettes 6 minutes de chaque côté jusqu'à ce qu'elles soient dorées en surface et bien cuites à l'intérieur. Égouttez sur du papier absorbant et réservez au chaud.

4 Ouvrez les pains pide, étalez une couche d'hoummous sur chaque moitié de pain, puis garnissez une des tranches de roquette, de poivron grillé et de concombre, et terminez par une galette de viande. Refermez avec l'autre tranche de pain. Servez avec la sauce aux piments doux.

PRATIQUE Typique de la cuisine du Moyen-Orient, l'hoummous est un mélange à base de purée de pois chiches, parfumé généralement à l'ail et au citron. D'autres ingrédients peuvent entrer dans sa composition. On peut l'acheter tout prêt chez les traiteurs ou dans les épiceries fines ou le préparer soi-même. Délicieux avec des poivrons grillés et des légumes crus.

Blancs de poulet grillés à la sauce moutarde

Pour 4 personnes

4 blancs de poulet
2 c. s. d'huile d'olive
1 gousse d'ail pilée
60 ml de vin blanc sec
2 c. s. de moutarde à l'ancienne
2 c. s. de thym frais haché
300 ml de crème fraîche
240 g de haricots verts équeutés
320 g de courgettes jaunes en tronçons épais

1 Placez les blancs de poulet entre deux feuilles de papier sulfurisé et aplatissez-les avec un maillet à viande.

2 Faites chauffer l'huile dans une poêle et faites cuire les blancs de poulet 4 à 5 minutes de chaque côté. Retirez de la poêle et recouvrez d'une feuille de papier sulfurisé.

3 Mettez l'ail dans la poêle, faites cuire 1 minute à feu moyen, puis incorporez le vin, la moutarde et le thym. Versez la crème et faites chauffer la sauce à feu vif jusqu'à ce qu'elle frémisse. Salez et poivrez. Laissez mijoter 5 minutes jusqu'à épaississement.

4 Pendant ce temps, faites bouillir un grand volume d'eau salée et faites cuire les haricots et les courgettes jusqu'à ce qu'ils soient juste tendres. Présentez les blancs de poulet nappés de sauce et accompagnés de courgettes et de haricots.

Filets de poisson à la salsa de poivron

Pour 4 personnes

750 g de pommes de terre nouvelles
1 c. c. de graines de fenouil
125 ml d'huile d'olive
2 c. s. de câpres égouttées
1 petit poivron rouge épépiné et coupé en petits dés
250 g de salade mélangée
2 c. s. de vinaigre balsamique
4 filets de cabillaud

1 Faites cuire les pommes de terre dans un grand volume d'eau bouillante salée jusqu'à ce qu'elles soient tendres, puis égouttez et réservez au chaud.

2 Pendant ce temps, faites griller à sec (sans matière grasse) les graines de fenouil dans une poêle jusqu'à ce que les arômes se dégagent. Retirez-les de la poêle, puis faites-y chauffer 1 cuillerée à soupe d'huile d'olive et faites chauffer les câpres 1 à 2 minutes. Retirez de la poêle. Ajoutez 1 cuillerée à soupe d'huile d'olive et faites cuire les dés de poivron 4 à 5 minutes en remuant sans cesse, jusqu'à ce qu'ils soient tendres. Retirez de la poêle. Mélangez dans un bol les graines de fenouil, les câpres et les dés de poivron.

3 Préparez la vinaigrette dans un saladier en mélangeant 60 ml d'huile d'olive et le vinaigre. Ajoutez 1 cuillerée à soupe de salsa de poivron, puis les feuilles de salade et remuez bien.

4 Salez et poivrez les filets de poisson. Faites chauffer le reste d'huile dans une poêle antiadhésive et faites cuire le poisson jusqu'à ce qu'il soit à votre convenance. Servez aussitôt avec la salade et la salsa de poivron. Accompagnez de pommes de terres chaudes.

Bœuf sauté aux vermicelles chinois et au gingembre

Pour 4 personnes

400 g de filet de bœuf
2 c. s. d'huile d'arachide
250 g de vermicelles de soja
1/2 c. c. d'huile de sésame
2 oignons nouveaux émincés

Sauce au gingembre
3 c. c. de gingembre frais râpé
3 c. s. de sauce de soja claire
3 c. s. de mirin (vin de riz)
1 c. c. de sucre
2 c. c. de vinaigre de riz

1 Salez et poivrez la viande. Faites chauffer l'huile d'arachide dans une poêle et saisissez la viande 2 minutes de chaque côté. Retirez de la poêle et laissez refroidir, puis couvrez et placez au réfrigérateur jusqu'à ce qu'elle soit bien froide.

2 Mettez les vermicelles dans un récipient résistant à la chaleur, recouvrez d'eau bouillante et laissez reposer 3 à 4 minutes jusqu'à ce que tout le liquide soit absorbé. Égouttez, rincez à l'eau froide et remettez dans le récipient. Versez l'huile de sésame sur les vermicelles et mélangez.

3 Mélangez le gingembre haché, la sauce de soja, le mirin, le vinaigre de riz et le sucre, puis remuez jusqu'à dissolution du sucre. Réservez jusqu'au moment de servir.

4 Mettez la moitié des oignons dans le récipient contenant les vermicelles et mélangez, puis disposez-les sur le plat de service. Coupez la viande en lanières et ajoutez-la sur les vermicelles.

5 Réchauffez la sauce à feu doux. Nappez-en la viande, ajoutez le reste d'oignons et servez aussitôt.

PRATIQUE Les vermicelles de soja deviennent presque transparents à la cuisson. Si vous avez du mal à vous en procurer, remplacez-les par des *rice sticks* ou des vermicelles de riz.

Côtes de porc au chutney de pommes et d'oignons rouges

Pour 4 personnes

125 g de beurre
2 petits oignons rouges émincés
2 pommes vertes pelées, épépinées et coupées en tranches fines
1/4 c. c. de clous de girofle moulus
115 g de miel
4 côtes de porc
2 c. c. d'huile
1/2 c. c. de graines de carvi
725 g de chou vert coupé en lanières

1 Faites fondre 50 g de beurre dans une casserole et ajoutez les oignons, les pommes, les clous de girofle et le miel. Couvrez et laissez mijoter 10 minutes à feu doux. Augmentez le feu puis laissez cuire 20 minutes jusqu'à épaississement. Laissez refroidir.

2 Salez et poivrez les côtes de porc. Faites chauffer l'huile et 50 g de beurre dans une grande poêle et faites revenir la viande à feu vif (6 à 8 minutes de chaque côté), jusqu'à ce qu'elle soit cuite à l'intérieur et bien dorée à l'extérieur. Retirez du feu et laissez reposer 2 minutes.

3 Pendant la cuisson des côtes de porc, faites fondre le reste de beurre dans une autre poêle, ajoutez les graines de carvi et le chou, puis laissez cuire 12 minutes à feu moyen, en remuant régulièrement, jusqu'à ce que le chou soit tendre.

4 Dressez sur chaque assiette une côte de porc nappée de chutney et accompagnée de chou.

Filet d'agneau au vin rouge

Pour 4 personnes

600 g de pommes de terre nouvelles
160 g de haricots mange-tout équeutés
2 c. s. d'huile d'olive
4 pavés d'agneau dans le filet
170 ml de vin rouge
1 c. s. de confiture de groseilles
2 c. c. de thym frais haché
30 g de beurre coupé en dés

1 Faites cuire les pommes de terre dans un grand volume d'eau bouillante salée jusqu'à ce qu'elles soient tendres. Ajoutez les haricots mange-tout et poursuivez la cuisson pendant 1 minute. Égouttez, puis remettez dans la casserole. Versez 1 cuillerée à soupe d'huile d'olive et mélangez.

2 Faites chauffer le reste d'huile dans une grande poêle et faites cuire l'agneau 4 à 5 minutes de chaque côté jusqu'à ce qu'il soit cuit en restant rosé à l'intérieur. Retirez de la poêle, couvrez et réservez au chaud.

3 Mettez le vin, la confiture de groseilles et le thym dans la poêle et portez à ébullition. Laissez bouillir 5 minutes jusqu'à réduction de la sauce, puis incorporez le beurre en remuant vigoureusement avec une cuillère en bois. Recoupez les pavés d'agneau en petites tranches taillées en diagonale, disposez sur les assiettes, nappez de sauce et servez avec les légumes.

Pavé d'espadon au gingembre et aux piments doux

Pour 4 personnes

4 tranches d'espadon
60 ml d'huile d'arachide
3 gousses d'ail hachées
2 c. s. de gingembre frais râpé
60 ml de jus de citron
80 ml de sauce aux piments doux

1 Disposez le poisson dans un plat, badigeonnez d'huile et parsemez de gingembre et d'ail sur une face.

2 Faites chauffer le reste d'huile dans une poêle antiadhésive et faites cuire le poisson 2 minutes à feu moyen (la partie parsemée de gingembre et d'ail doit se trouver dessus), jusqu'à ce que la base soit dorée et croustillante.

3 Mélangez 1 cuillerée à soupe de jus de citron et 1 cuillerée à soupe de sauce aux piments doux et arrosez-en le poisson. Retournez ce dernier délicatement et faites-le cuire 2 minutes à feu moyen. Retirez de la poêle et réservez au chaud.

4 Ajoutez le reste de jus de citron et de sauce aux piments doux dans la poêle. Laissez bouillir pendant 1 minute, jusqu'à épaississement. Servez le poisson nappé de sauce. Accompagnez de riz à la vapeur et de légumes grillés.

Saucisses à la fondue d'échalotes

Pour 4 personnes

80 ml d'huile d'olive
200 g d'échalotes émincées
1 c. s. de farine
125 ml de vin rouge
375 ml de bouillon de bœuf
1 c. s. de moutarde de Dijon
1,5 kg de pommes de terre en cubes
150 g de beurre
8 grosses saucisses de porc
450 g de haricots verts équeutés

1 Faites chauffer 2 cuillerées à soupe d'huile dans une poêle et faites revenir les échalotes pendant 5 minutes en remuant souvent, jusqu'à ce qu'elles soient tendres. Ajoutez la farine et laissez cuire 30 secondes sans cesser de remuer. Versez le vin et le bouillon et portez à ébullition. Baissez le feu et laissez mijoter 10 minutes jusqu'à ce que la sauce épaississe. Ajoutez la moutarde, remuez et maintenez au chaud à feu très doux jusqu'à ce que les saucisses et la purée soient prêtes.

2 Faites cuire les pommes de terre dans un grand volume d'eau bouillante salée jusqu'à ce qu'elles soient tendres. Égouttez, remettez dans la casserole et ajoutez 1 cuillerée à soupe d'huile d'olive et 120 g de beurre. Écrasez les pommes de terre jusqu'à l'obtention d'une purée homogène. Salez et poivrez.

3 Piquez les saucisses avec une fourchette. Préchauffez une grande poêle, ajoutez le reste d'huile et faites cuire les saucisses pendant 10 minutes, en les retournant régulièrement.

4 Faites bouillir un grand volume d'eau légèrement salée et faites cuire les haricots 4 minutes jusqu'à ce qu'ils soient juste tendres. Faites fondre le reste de beurre dans la sauce en fouettant régulièrement. Salez et poivrez. Présentez deux saucisses par assiette sur un lit de purée et nappez de sauce. Garnissez de haricots verts et servez aussitôt.

Poulet basquaise

Pour 4 personnes

60 ml d'huile d'olive
4 blancs de poulet (ou 6 pilons)
1 gros oignon rouge émincé
1 gros poivron vert (1/3 coupé en julienne et 2/3 coupés en dés)
3 c. c. de paprika doux
400 g de tomates en boîte coupées en dés
1/4 c. c. de safran moulu
300 g de riz

1 Faites chauffer 2 cuillerées à soupe d'huile dans une poêle. Salez et poivrez la viande, puis faites-la revenir dans la poêle jusqu'à ce qu'elle soit dorée sur toutes les faces. Retirez de la poêle et réservez.

2 Versez le reste d'huile dans une cocotte. Ajoutez l'oignon et le poivron coupé en dés, puis faites revenir le tout pendant 5 minutes. Incorporez le paprika et laissez cuire 30 secondes, puis mettez les tomates en dés et laissez mijoter jusqu'à ce que la préparation épaississe.

3 Versez 875 ml d'eau bouillante dans la cocotte, ajoutez le riz, le safran et le poulet. Remuez bien. Salez, poivrez et portez à ébullition. Baissez le feu et laissez mijoter 20 à 30 minutes jusqu'à ce que le poulet soit tendre et que tout le liquide soit absorbé. Ajoutez le poivron coupé en julienne, laissez reposer 3 à 4 minutes et servez.

Escalopes de veau à la milanaise

Pour 4 personnes

600 g de petites pommes de terre nouvelles coupées en deux
80 ml d'huile d'olive
8 petites escalopes de veau (800 g)
4 tranches de pancetta (lard maigre) coupées en deux
8 feuilles de sauge fraîche
250 ml de marsala sec
250 g d'asperges vertes parées

1 Préchauffez le four à 200 °C. Faites cuire les pommes de terre 10 minutes dans de l'eau bouillante salée. Égouttez-les, puis étalez-les sur la grille du four après les avoir badigeonnées avec 2 cuillerées à soupe d'huile d'olive. Faites rôtir 40 minutes au four.

2 Placez les escalopes de veau entre deux feuilles de papier sulfurisé, puis aplatissez-les avec un maillet à viande. Placez un morceau de pancetta et une feuille de sauge sur chaque escalope et fixez le tout avec un cure-dents.

3 Faites chauffer le reste d'huile dans une poêle à fond épais et faites cuire les escalopes à feu moyen pendant 1 à 2 minutes (la sauge doit se trouver sur le dessus). Retournez la viande et prolongez la cuisson pendant 1 minute, puis retirez de la poêle. Versez le marsala dans la poêle et laissez cuire 4 à 5 minutes jusqu'à ce que le liquide épaississe. Remettez la viande dans la poêle et remuez jusqu'à ce qu'elle soit bien chaude.

4 Faites cuire 3 minutes les asperges dans un grand volume d'eau bouillante légèrement salée, jusqu'à ce qu'elles soient juste tendres, puis égouttez-les.

5 Retirez les cure-dents. Dressez les escalopes sur les assiettes, nappez de sauce et servez avec les asperges et les pommes de terre.

Pavés de thon mi-cuits, sauce aux olives

Pour 4 personnes

3 grosses pommes de terre coupées en huit dans la longueur
345 ml d'huile d'olive
2 jaunes d'œufs (à température ambiante)
2 c. c. de jus de citron
40 g d'olives noires dénoyautées et hachées menu
200 g de pousses de roquette
1 c. s. de romarin frais haché
4 pavés de thon (200 g chacun)

1 Préchauffez le four à 200 °C. Badigeonnez d'huile d'olive (2 cuillerées à soupe) les pommes de terre, étalez-les dans un plat allant au four et faites rôtir 50 minutes au four jusqu'à ce qu'elles soient croustillantes et dorées.

2 Battez les jaunes d'œufs au fouet électrique en ajoutant progressivement 60 ml d'huile d'olive. Sans cesser de mixer, versez 185 ml d'huile jusqu'à ce que la mayonnaise prenne. Ajoutez ensuite 1 cuillerée à soupe de jus de citron et salez en continuant de mixer pendant 30 secondes. Incorporez enfin les olives, couvrez et réservez au réfrigérateur.

3 Mélangez 2 cuillerées à soupe d'huile d'olive et le reste de jus de citron dans un saladier. Salez et poivrez. Ajoutez les pousses de roquette. Mélangez au moment de servir.

4 Parsemez le poisson de romarin. Faites chauffer le reste d'huile dans une poêle et saisissez le poisson à feu vif 2 à 3 minutes de chaque côté. Servez avec les pommes de terre et les pousses de roquette. Accompagnez de mayonnaise aux olives.

Escalopes de poulet panées à la sauce verte

Pour 4 personnes

3 œufs
30 g de basilic frais
2 c. s. de câpres égouttées
1 c. s. de moutarde de Dijon
2 c. s. de parmesan frais râpé
185 ml d'huile d'olive
100 g de chapelure
4 blancs de poulet
150 g de feuilles de roquette
1 citron coupé en quatre

1 Placez 1 œuf dans une casserole d'eau froide, portez à ébullition et laissez cuire 1 minute. Passez-le à l'eau froide puis retirez délicatement la coquille. Mixez l'œuf, le basilic, les câpres, la moutarde et 1 cuillerée à soupe de parmesan. Ajoutez progressivement 60 ml d'huile d'olive sans cesser de mixer jusqu'à obtention d'une sauce épaisse.

2 Battez à la fourchette les œufs restants et 1 cuillerée à soupe d'eau. Mélangez la chapelure et reste de parmesan dans une assiette. Mettez les blancs de poulet entre deux feuilles de papier sulfurisé et aplatissez-les avec un maillet à viande. Trempez-les dans la préparation aux œufs, puis passez-les dans la chapelure en les retournant plusieurs fois. Disposez-les sur un plat et mettez 10 minutes au réfrigérateur.

3 Faites chauffer le reste d'huile dans une poêle et faites cuire les escalopes panées jusqu'à ce qu'elles soient dorées des deux côtés. Servez avec la sauce verte, la roquette et les quartiers de citron.

Steaks au poivre rose

Pour 4 personnes

60 g de beurre
1 c. s. d'huile d'olive
4 pavés de bœuf épais (dans le rumsteck)
125 ml de vin blanc
2 c. s. de brandy
125 ml de bouillon de bœuf
2 c. s. de grains de poivre rose en boîte rincés et égouttés
125 ml de crème fraîche

1 Faites chauffer l'huile et le beurre dans une grande poêle et saisissez les pavés de bœuf à feu vif. Laissez cuire 3 minutes de chaque côté pour qu'ils restent saignants. Retirez de la poêle, couvrez et réservez au chaud.

2 Versez le vin et le brandy dans la poêle et laissez mijoter 4 minutes jusqu'à ce que le liquide ait réduit de moitié. Ajoutez le bouillon et laissez à nouveau réduire de moitié. Pendant ce temps, écrasez la moitié des grains de poivre.

3 Incorporez la crème et tous les grains de poivre à la sauce, puis laissez cuire à feu moyen jusqu'à épaississement. Dressez les steaks sur les assiettes chaudes, nappez de sauce et servez avec une salade verte.

Escalopes de veau panées à la salade de pommes de terre

Pour 4 personnes

750 g de pommes de terre, avec la peau
500 g de petites escalopes de veau
60 g de farine
2 œufs légèrement battus
100 g de chapelure
125 ml d'huile d'olive
2 c. s. de jus de citron
3 c. c. d'aneth ciselé
200 g de feuilles de salade mélangée

1 Faites cuire les pommes de terre dans un grand volume d'eau bouillante salée jusqu'à ce qu'elles soient tendres. Égouttez-les, coupez-les en quatre dans le sens de la longueur et réservez au chaud.

2 Placez les escalopes entre deux feuilles de papier sulfurisé et aplatissez-les avec un maillet à viande. Passez-les plusieurs fois dans la farine et secouez pour faire tomber l'excédent. Plongez-les ensuite rapidement dans les œufs battus, puis dans la chapelure. Disposez les escalopes panées sur un plat, couvrez et placez 5 minutes au réfrigérateur.

3 Faites chauffer 60 ml d'huile dans une poêle et faites cuire les escalopes à feu vif jusqu'à ce qu'elles soient bien dorées. Égouttez sur du papier absorbant et réservez au chaud.

4 Mélangez le jus de citron, l'aneth et le reste d'huile dans un bol, puis versez cet assaisonnement sur les pommes de terres tièdes. Salez et poivrez. Remuez délicatement. Servez les escalopes panées avec les pommes de terre et la salade.

Salade de nouilles soba au saumon et au sésame

Pour 4 personnes

250 g de nouilles soba (nouilles japonaises)
3 c. c. d'huile de sésame
2 c. s. de kecap manis (sauce de soja épaisse)
1 c. s. de vinaigre chinois
2 petits concombres coupés en julienne
6 oignons nouveaux coupés en tronçons de 4 cm
2 c. s. de graines de sésame noir
4 filets de saumon (sans la peau)
2 c. c. d'huile d'olive

1 Faites cuire les nouilles pendant 5 minutes dans un grand volume d'eau bouillante jusqu'à ce qu'elles soient tendres. Égouttez bien, puis transférez-les dans un grand saladier. Versez 2 cuillerées à café d'huile de sésame, mélangez et laissez refroidir. Mélangez dans un bol le kecap manis, le vinaigre et le reste d'huile de sésame. Versez 1 cuillerée à soupe de cette sauce sur les nouilles, remuez délicatement et placez 2 heures au réfrigérateur.

2 Sortez les nouilles du réfrigérateur 20 minutes avant de servir et incorporez les concombres, les oignons et les graines de sésame. Mélangez bien.

3 Badigeonnez d'huile les filets de saumon, salez et poivrez. Faites chauffer une poêle et faites cuire le poisson 1 à 2 minutes de chaque côté à feu vif, jusqu'à ce qu'il soit bien doré. Émiettez-le grossièrement à la fourchette puis ajoutez-le aux nouilles. Versez le reste de sauce au kecap manis et mélangez délicatement. Servez aussitôt.

ASTUCE Il est important de préparer la salade de nouilles à l'avance pour qu'elle s'imprègne des ingrédients de la sauce. La préparation du poisson est en revanche très rapide et doit se faire au dernier moment.

Frittata au crabe, au fromage et aux fusilli

Pour 4 personnes

80 g de fusilli (pâtes torsadées) de trois couleurs
1 c. s. d'huile d'olive
1 petit oignon rouge émincé
1 belle tomate coupée en gros morceaux
60 g de tomates séchées hachées grossièrement
2 c. s. de feuilles de coriandre fraîche hachées
140 g de crabe cuit
150 g de camembert sans la croûte et coupé en petits morceaux
6 œufs
2 jaunes d'œufs

1 Faites cuire les fusilli dans un grand volume d'eau bouillante salée. Égouttez, rincez puis égouttez de nouveau et laissez refroidir. Faites chauffer la moitié de l'huile dans une grande poêle et faites revenir l'oignon jusqu'à ce qu'il soit tendre. Transférez dans un saladier, ajoutez les morceaux de tomate, les tomates séchées, la coriandre, le crabe, la moitié du fromage et les pâtes refroidies. Mélangez bien. Battez les œufs et les jaunes d'œufs, puis versez ce mélange dans le saladier.

2 Préchauffez le four à 150 °C. Faites chauffer le reste d'huile dans une grande poêle, versez la préparation aux œufs et laissez cuire 25 minutes à feu doux. Parsemez le reste de camembert sur la fritatta, puis mettez celle-ci au four pendant 10 à 15 minutes, jusqu'à ce qu'elle soit cuite à l'intérieur et dorée sur le dessus. Retirez du four et laissez reposer 5 minutes. Coupez la frittata et servez-la avec une salade verte.

Beignets de patates douces et de ditalini

Pour 4 personnes

800 g de patates douces à chair orangée (kumara)
90 g de ditalini (petites pâtes creuses en forme de dés à coudre)
30 g de pignons de pin grillés
2 gousses d'ail pilées
4 c. s. de basilic frais haché
50 g de parmesan râpé
35 g de chapelure
farine
huile végétale pour la friture

1 Préchauffez le four à 250 °C. Avec une fourchette, piquez les patates douces en plusieurs endroits, placez-les dans un plat allant au four et laissez-les rôtir 1 heure. Retirez du four et laissez refroidir. Pendant ce temps, faites cuire les ditalini dans un grand volume d'eau bouillante salée, puis égouttez-les et rincez-les à l'eau froide.

2 Pelez les patates douces et écrasez-les avec une fourchette. Ajoutez les pignons de pin, l'ail, le basilic, le parmesan, la chapelure et les pâtes. Mélangez bien. Salez et poivrez.

3 Formez 8 galettes de 1,5 cm d'épaisseur et saupoudrez-les de farine sur les deux faces. Faites chauffer l'huile dans une grande poêle et faites cuire les galettes 2 minutes de chaque côté, jusqu'à ce qu'elles soient bien dorées. Égouttez sur du papier absorbant et servez aussitôt avec une salade verte.

PRATIQUE La préparation de cette recette est rapide mais il faut prévoir au moins 1 heure pour la cuisson des patates douces.

Cuisson au wok

Bœuf sauté aux pousses de bambou

Pour 4 personnes

60 ml d'huile
400 de rumsteck en tranches fines
225 g de pousses de bambou en boîte, rincées et égouttées
3 gousses d'ail pilées
2 c. s. de nuoc-mâm
8 oignons nouveaux en tronçons de 4 cm
40 g de graines de sésame grillées

1 Faites chauffer 2 cuillerées à soupe d'huile dans un wok et faites revenir la moitié du bœuf pendant 1 minute jusqu'à ce qu'il se colore. Retirez du wok et réservez. Recommencez l'opération avec le reste de la viande.

2 Ajoutez 1 cuillerée à soupe d'huile dans le wok et faites sauter les pousses de bambou 3 minutes jusqu'à ce qu'elles commencent à brunir. Ajoutez l'ail et le nuoc-mâm, salez à votre convenance et laissez cuire en remuant pendant 2 à 3 minutes. Ajoutez les oignons et poursuivez la cuisson 1 minute. Remettez la viande dans le wok, mélangez bien et laissez cuire 1 minute jusqu'à ce que la préparation soit chaude. Retirez du feu, incorporez les graines de sésame et servez avec du riz.

Patates douces sautées aux épinards et aux châtaignes d'eau

Pour 4 personnes

500 g de patates douces épluchées
2 c. s. d'huile végétale
2 gousses d'ail pilées
2 c. s. de sambal oelek
225 g de châtaignes d'eau émincées
2 c. c. de sucre de palme
400 g d'épinards sans les tiges
2 c. s. de sauce de soja
2 c. s. de bouillon de légumes

1 Coupez les patates douces en dés de 1,5 cm et faites-les cuire 15 minutes dans l'eau bouillante salée jusqu'à ce qu'elles soient tendres, puis égouttez-les.

2 Faites chauffer 2 cuillerées à soupe d'huile dans un wok et faites revenir à feu vif l'ail et le sambal oelek pendant 1 minute, en remuant sans cesse, jusqu'à ce que le mélange embaume. Ajoutez les patates douces et les châtaignes d'eau et faites-les sauter 2 minutes à feu assez vif. Baissez le feu, ajoutez le sucre de palme et laissez cuire pendant 2 minutes jusqu'à dissolution du sucre. Incorporez les épinards, la sauce de soja et le bouillon, puis laissez cuire en remuant bien jusqu'à ce que les feuilles d'épinards soient juste flétries. Servez avec du riz.

ASTUCE Le sambal oelek est une pâte indonésienne à base de piments rouges frais écrasés avec du vinaigre, du sel et du tamarin (voir page 25). La châtaigne d'eau est le bulbe d'une plante aquatique ; sa chair, croustillante quand elle est fraîche, est très utilisée dans la cuisine chinoise, mais on la trouve surtout en conserve, dans les épiceries asiatiques.

Gambas aux épices

Pour 4 personnes

80 g de noix de cajou
250 g de riz au jasmin
2 gousses d'ail finement hachées
3 c. c. de nuoc-mâm
1 c. s. de sambal oelek (voir page 154)
2 c. s. d'huile d'arachide
1 kg de gambas crues décortiquées, avec la queue
2 c. c. d'eau de tamarin (voir page 25)
3 c. c. de sucre de palme
350 g de choy sum (chou chinois) en tronçons de 10 cm

1 Préchauffez le four à température moyenne (180 °C). Étalez les noix de cajou sur une plaque du four et faites-les griller 5 minutes jusqu'à ce qu'elles soient bien dorées.

2 Pendant ce temps, portez à ébullition un grand volume d'eau. Faites cuire le riz 12 minutes, en remuant de temps en temps, puis égouttez-le bien.

3 Mixez l'ail, le nuoc-mâm, le sambal oelek et les noix de cajou en ajoutant 2 ou 3 cuillerées d'eau si nécessaire, jusqu'à obtention d'une pâte homogène.

4 Faites chauffer 2 cuillerées à soupe d'huile dans un wok et faites sauter les gambas 1 à 2 minutes à feu vif, jusqu'à ce qu'elles changent de couleur. Retirez-les du wok. Ajoutez la préparation à base de noix de cajou et faites-la cuire 1 minute en remuant, jusqu'à ce qu'elle commence à brunir. Sans cesser de mélanger, ajoutez le tamarin, le sucre de palme et 80 ml d'eau, puis portez à ébullition. Remettez les gambas dans le wok, mélangez bien et laissez frémir 2 à 3 minutes.

5 Mettez le choy sum dans un cuiseur en bambou placé au-dessus d'une casserole d'eau bouillante. Faites-le cuire 3 minutes jusqu'à ce qu'il soit tendre. Servez avec le riz et les gambas sautées.

Porc sauté à la sauce hoisin

Pour 4 personnes

250 g de riz au jasmin
500 g de filet de porc en tranches fines
1 c. s. de sucre semoule
3 c. s. d'huile végétale
125 ml de vinaigre de vin blanc
250 ml de sauce hoisin (sauce épaisse à base de haricots de soja)
2 c. s. de gingembre au sirop haché menu
1,25 kg de légumes verts asiatiques (bok choy, choy sum ou épinards)

1 Rincez le riz et mettez-le dans une casserole. Ajoutez 425 ml d'eau et portez à ébullition. Couvrez, baissez le feu et laissez cuire pendant 10 minutes. Retirez du feu, couvrez et laissez reposer 10 minutes.

2 Pendant ce temps, mettez le porc dans un saladier, ajoutez le sucre et mélangez bien. Faites chauffer 2 cuillerées à soupe d'huile dans un wok et faites revenir la viande à feu vif jusqu'à ce qu'elle brunisse. Retirez du wok et réservez. Versez le vinaigre dans le wok et faites bouillir 3 minutes jusqu'à ce que le liquide ait réduit de moitié. Baissez le feu, ajoutez la sauce hoisin et 1 cuillerée à soupe de gingembre au sirop et laissez mijoter 5 minutes. Salez, poivrez et retirez du wok.

3 Versez le reste d'huile dans le wok et laissez-la chauffer quelques secondes, puis faites sauter les légumes verts 3 minutes, jusqu'à ce qu'ils soient cuits tout en restant croquants. Incorporez le reste de gingembre dans le riz. Pour chaque convive, remplissez de riz un petit bol en tassant un peu et démoulez sur une assiette chaude. Garnissez de légumes et de viande nappée de sauce.

Nouilles sautées au bœuf

Pour 4 personnes

350 g de filet de bœuf
100 g de haricots mange-tout
600 g de nouilles hokkien (nouilles de blé fraîches)
1 c. s. d'huile d'arachide
1 gros oignon en tranches
1 poivron rouge en lanières
2 gousses d'ail pilées
1 c. c. de gingembre frais râpé
200 g de champignons shiitake frais émincés
60 ml de sauce aux huîtres
2 c. s. de sauce de soja claire
1 c. s. de cassonade
1 c. c. de poudre cinq-épices (voir page 30)

1 Mettez le filet de bœuf 30 minutes au congélateur pour le raffermir, puis détaillez-le en tranches très fines. Équeutez les haricots, puis coupez-les en deux. Recouvrez les nouilles d'eau bouillante, couvrez et laissez reposer 10 minutes.

2 Étalez un peu d'huile dans un wok et faites-la chauffer, puis faites revenir la viande en plusieurs fois jusqu'à ce qu'elle se colore (elle doit être juste saisie). Retirez du wok et réservez au chaud.

3 Faites chauffer l'huile d'arachide dans le wok et faites sauter l'oignon et le poivron 2 à 3 minutes jusqu'à ce qu'ils soient tendres. Ajoutez l'ail, le gingembre, les haricots et les champignons. Laissez-les cuire 1 minute avant de remettre la viande dans le wok.

4 Séparez les nouilles avec une fourchette et égouttez-les. Transvasez-les dans le wok en remuant. Dans un bol, mélangez la sauce aux huîtres, la sauce de soja, la cassonade, la poudre cinq-épices et 1 cuillerée à soupe d'eau, versez dans le wok et laissez chauffer en remuant jusqu'à ce que la préparation soit bien chaude.

Calamars sautés à la sauce piquante

Pour 4 personnes

4 calamars
2 c. s. d'huile végétale
1 oignon coupé en huit
1 poivron rouge coupé en lanières
115 g de mini-épis de maïs coupés en deux
3 oignons nouveaux coupés en tronçons de 3 cm (facultatif)

Sauce aux haricots noirs
3 c. s. de farine de maïs
2 c. s. de haricots noirs en boîte rincés et égouttés
2 petits piments rouges épépinés et finement hachés
2 gousses d'ail finement hachées
2 c. c. de gingembre frais râpé
2 c. s. de sauce aux huîtres
2 c. c. de sauce de soja
1 c. c. de sucre

1 Nettoyez les calamars et ouvrez-les. Pratiquez de fines entailles croisées en diagonale à l'intérieur, sans traverser la chair. Coupez chaque calamar en carrés de 5 cm.

2 Préparez la sauce : délayez la farine de maïs dans 125 ml d'eau. Écrasez les haricots noirs avec une fourchette dans un bol. Ajoutez l'ail, le piment, le gingembre, la sauce aux huîtres, le sucre et la farine délayée, puis remuez bien. Laissez reposer.

3 Faites chauffer l'huile dans un wok et faites revenir l'oignon 1 minute à feu vif. Ajoutez le poivron et les épis de maïs et laissez cuire 2 minutes.

4 Faites sauter les calamars 1 à 2 minutes dans le wok, jusqu'à ce que leur chair se recroqueville. Versez alors la sauce aux huîtres et la sauce de soja et portez à ébullition en remuant sans cesse jusqu'à épaississement. Ajoutez enfin les oignons nouveaux et servez avec des nouilles de riz cuites à la vapeur.

ASTUCE Vous pouvez remplacer les calamars par des crevettes, des morceaux de poulpe, du poisson ou un mélange de fruits de mer.

Poulet thaï au basilic

Pour 4 personnes

3 c. s. d'huile d'arachide
500 g de blancs de poulet coupés en fines tranches
1 gousse d'ail pilée
4 oignons nouveaux émincés
150 g de haricots mange-tout en tronçons de 5 cm
2 petits piments rouges frais émincés
35 g de basilic frais
2 c. s. de menthe fraîche hachée
1 c. s. de nuoc-mâm
1 c. s. de sauce aux huîtres
2 c. c. de jus de citron
1 c. s. de sucre de palme

1 Faites chauffer 2 cuillerées à soupe d'huile dans un wok et faites sauter le poulet en plusieurs fois jusqu'à ce qu'il soit bien doré et presque cuit. Retirez du wok et réservez au chaud.

2 Faites chauffer le reste d'huile et faites revenir l'ail, les oignons, les haricots et les piments 1 minute à feu vif jusqu'à ce que les oignons soient tendres. Remettez le poulet dans le wok.

3 Mélangez le basilic et la menthe et ajoutez-les dans le wok. Versez le nuoc-mâm, la sauce aux huîtres, le sucre de palme, le jus de citron et 2 cuillerées à soupe d'eau, puis laissez cuire 1 minute. Servez avec du riz au jasmin.

ASTUCE Cette recette se prépare de préférence avec du basilic thaï, au goût plus relevé que notre basilic. On le trouve dans les magasins de produits asiatiques.

Canard au curry

Pour 4 personnes

1 c. s. d'huile d'arachide
2 gousses d'ail pilées
8 oignons nouveaux en tronçons de 3 cm
1 c. s. de pâte de curry rouge
400 ml de lait de coco
750 g de canard au barbecue
450 g d'ananas au sirop égoutté
3 feuilles fraîches de citronnier kaffir (voir page 49)
15 g de feuilles de coriandre fraîche
2 c. s. de menthe fraîche hachée

1 Coupez le canard en morceaux. Faites chauffer l'huile dans un wok et faites sauter l'ail et l'oignon pendant 1 minute. Ajoutez la pâte de curry et laissez chauffer jusqu'à ce que le mélange embaume.

2 Incorporez le lait de coco, le canard, l'ananas, les feuilles de citronnier, les feuilles de coriandre et la menthe, puis portez à ébullition. Baissez le feu et laissez mijoter 10 minutes, jusqu'à ce que le canard soit bien chaud. Servez avec du riz au jasmin.

PRATIQUE Le canard au barbecue est une recette chinoise. La viande est mise à mariner, puis rôtie au four pendant près de deux heures. Ce mode de cuisson s'applique également au porc. On trouve du porc ou du canard au barbecue tout prêts dans les magasins asiatiques.

Agneau sauté aux piments et à la menthe

Pour 4 personnes

250 g de riz au jasmin
2 c. s. d'huile végétale
750 g de filet d'agneau en tranches fines
2 gousses d'ail pilées
1 petit oignon rouge en tranches
1 piment frais émincé
60 ml de jus de citron
2 c. s. de sauce aux piments doux
2 c. s. de nuoc-mâm
10 g de feuilles de menthe fraîche

1 Faites bouillir un grand volume d'eau dans une casserole, versez le riz et faites-le cuire 12 minutes, en remuant de temps en temps, puis égouttez-le bien.

2 Faites chauffer 1 cuillerée à soupe d'huile dans un wok et faites sauter la viande en plusieurs fois, jusqu'à ce qu'elle brunisse, puis retirez du wok.

3 Faites chauffer le reste d'huile dans le wok et faites revenir l'ail et l'oignon 1 minute, puis incorporez le piment et laissez cuire 30 secondes. Remettez l'agneau dans le wok, ajoutez le jus de citron, la sauce aux piments et le nuoc-mâm et laissez cuire 2 minutes, toujours à feu vif. Décorez de feuilles de menthe et servez avec le riz.

ASTUCE Vous pouvez remplacer l'agneau par des blancs de poulet ou du filet de porc. Variez cette recette en y ajoutant 80 g de noix de cajou et en remplaçant la menthe par du basilic.

Riz sauté au porc

Pour 4 personnes

6 oignons nouveaux
150 g de haricots mange-tout
200 g de porc au barbecue (voir page 166)
2 c. s. d'huile de sésame
2 œufs légèrement battus
2 gousses d'ail finement hachées
550 g de riz long grain cuit
2 c. s. de sauce de soja

1 Coupez les haricots mange-tout, les oignons et le porc en tranches très fines.

2 Faites chauffer 1 cuillerée à soupe d'huile dans un wok et versez les œufs dans le wok. Faites-les cuire en omelette jusqu'à ce qu'ils soient fermes. Retournez l'omelette et laissez-la cuire 30 secondes jusqu'à ce qu'elle brunisse légèrement, puis retirez du wok. Laissez-la refroidir et coupez-la en fines lanières après l'avoir roulée.

3 Versez le reste d'huile dans le wok encore chaud et faites sauter 1 à 2 minutes l'ail, l'oignon et les haricots. Ajoutez le porc, le riz, la sauce de soja et les tranches d'omelette, puis mélangez bien. Quand le riz est chaud et bien coloré, retirez du feu et servez aussitôt.

ASTUCE Faites bouillir un grand volume d'eau, versez le riz et faites-le cuire 12 minutes, en remuant de temps en temps, puis rincez-le à l'eau froide et égouttez-le bien. Laissez toute une nuit au réfrigérateur.

Nouilles piquantes aux haricots mange-tout

Pour 4 personnes

325 g de nouilles fraîches plates aux œufs
5 gousses d'ail pilées
3 échalotes hachées
1 petit piment rouge frais épépiné et émincé
3 racines de coriandre fraîche hachées
5 c. c. d'huile d'arachide
500 g de gros haricots mange-tout coupés en tronçons de 4 cm
2 c. c. de nuoc-mâm
2 c. s. de sucre de palme râpé
1 c. s. de kecap manis (sauce de soja épaisse)
1 c. s. de jus de citron vert
1 citron vert coupé en quartiers
1 c. s. d'oignons frits

1 Faites cuire les nouilles 1 minute dans un grand volume d'eau bouillante salée jusqu'à ce qu'elles soient tendres, puis égouttez-les.

2 Mixez l'ail, les échalotes, le piment et les racines de coriandre jusqu'à obtention d'une pâte onctueuse, en ajoutant un peu d'eau si nécessaire.

3 Faites chauffer l'huile dans un wok et faites chauffer la pâte à feu vif pendant 1 minute, puis faites cuire les haricots pendant 2 minutes. Baissez le feu, couvrez et laissez mijoter 2 minutes. Incorporez le sucre de palme, le nuoc-mâm et le kecap manis en remuant bien et poursuivez la cuisson 1 minute à feu vif. Ajoutez les nouilles en mélangeant bien et laissez cuire 1 à 2 minutes jusqu'à ce que ce soit bien chaud. Arrosez de jus de citron vert. Répartissez dans des bols et garnissez de quartiers de citron et d'oignons frits.

Épinards sautés

Pour 4 personnes

4 gousses d'ail pilées
2 piments verts coupés en lanières
1 c. s. de sauce aux haricots noirs
2 c. s. de nuoc-mâm
2 c. c. de sucre
2 c. s. d'huile
500 g d'épinards en branches coupés en tronçons de 3 cm

1 Dans un bol, mélangez bien l'ail, les piments, la sauce aux haricots noirs, le nuoc-mâm et le sucre.

2 Faites chauffer 1 cuillerée à soupe d'huile dans un wok et faites sauter les épinards 1 minute à feu vif, jusqu'à ce qu'ils commencent à se flétrir. Ajoutez la sauce et laissez cuire 30 secondes jusqu'à ce que les épinards soient bien enrobés. Servez aussitôt.

ASTUCE Vous pouvez remplacer les épinards par des légumes verts asiatiques (bok choy, choy sum, gai larn).

Sauté d'agneau aux oignons nouveaux

Pour 4 personnes

600 g de filet d'agneau en tranches fines
1 c. s. de vin de riz chinois
60 ml de sauce de soja
1/2 c. c. de poivre blanc
6 oignons nouveaux
300 g de riz long grain
2 c. s. d'huile végétale
750 g de chou chinois coupé en tronçons de 10 cm
3 gousses d'ail pilées
1 c. s. de vinaigre de riz brun
1 c. s. d'huile de sésame

1 Faites bouillir un grand volume d'eau dans une casserole, versez le riz et faites-le cuire 12 minutes, puis égouttez-le bien.

2 Mélangez l'agneau, le vin de riz, 1 cuillerée à soupe de sauce de soja, 1/2 cuillerée de sel et le poivre dans un saladier. Couvrez et laissez reposer 10 minutes. Coupez les oignons nouveaux en tronçons de 4 cm.

3 Faites chauffer 1 cuillerée à soupe d'huile végétale dans un wok et faites sauter le chou avec une gousse d'ail et 1 cuillerée à soupe de sauce de soja. Laissez cuire 3 minutes jusqu'à ce que le chou soit croquant, puis retirez du wok et réservez au chaud.

4 Versez le reste d'huile végétale dans le wok, faites-la chauffer et faites revenir la viande en plusieurs fois jusqu'à ce qu'elle se colore. Retirez du wok. Faites revenir l'oignon et le reste d'ail 1 à 2 minutes.

5 Mélangez le vinaigre, l'huile de sésame et le reste de sauce de soja. Versez ce mélange dans le wok et laissez cuire 1 minute en remuant bien. Remettez l'agneau dans le wok et laissez cuire 1 minute à feu vif. Servez aussitôt avec les légumes sautés et le riz.

Salade de nouilles aux aubergines

Pour 4 personnes

10 g de champignons shiitake déshydratés
350 g de nouilles de sarrasin
2 c. c. d'huile de sésame
3 c. s. de tahini (pâte de sésame)
1 c. s. de sauce de soja claire
1 c. s. de sauce de soja brune
1 c. s. de miel
2 c. s. de jus de citron
3 c. s. d'huile d'arachide
2 aubergines coupées en rondelles fines
2 carottes coupées en julienne
10 oignons nouveaux coupés en rondelles
6 champignons shiitake frais émincés
50 g de feuilles de coriandre fraîche hachées grossièrement

1 Faites tremper les champignons dans 125 ml d'eau chaude pendant 10 minutes. Égouttez et réservez le liquide. Éliminez les pieds et émincez les têtes.

2 Faites cuire les nouilles 5 minutes dans un grand volume d'eau bouillante salée jusqu'à ce qu'elles soient tendres, puis égouttez-les. Rincez-les à l'eau froide, égouttez-les à nouveau et mettez-les dans un saladier, ajoutez 1 cuillerée à café d'huile de sésame et mélangez.

3 Mixez le tahini, les sauces de soja, le miel, le jus de citron, 2 cuillerées du liquide de trempage des champignons et le reste d'huile de sésame jusqu'à obtention d'une sauce onctueuse.

4 Faites chauffer 1 cuillerée à soupe d'huile d'arachide dans un wok et faites cuire les aubergines 4 à 5 minutes à feu vif, en les retournant plusieurs fois, jusqu'à ce qu'elles soient dorées. Égouttez sur du papier absorbant.

5 Faites chauffer le reste d'huile et faites revenir les carottes, les oignons et les champignons 1 à 2 minutes, jusqu'à ce qu'ils soient tendres. Retirez du feu et incorporez-les les nouilles, les aubergines et la sauce. Mélangez délicatement sur le feu. Parsemez de coriandre et servez.

Salade de nouilles aux gambas

Pour 4 personnes

Sauce piquante
2 c. s. de sauce de soja brune
1 c. s. de nuoc-mâm
2 c. s. de jus de citron vert
1 c. c. de zeste de citron vert
1 c. c. de sucre semoule
1 piment rouge frais épépiné et émincé
2 c. c. de gingembre frais finement haché

150 g de vermicelles
100 g de haricots mange-tout équeutés et coupés en deux
3 c. s. d'huile d'arachide
110 g de noix de cajou hachées
24 gambas décortiquées, avec la queue
10 g de menthe fraîche hachée
15 g de feuilles de coriandre fraîche hachées

1 Mélangez tous les ingrédients de la sauce dans un bol et réservez. Faites tremper les vermicelles 6 à 7 minutes dans un grand volume d'eau bouillante, égouttez et réservez. Plongez les haricots mange-tout 10 secondes dans l'eau bouillante salée, puis rincez-les à l'eau froide et égouttez-les.

2 Faites chauffer l'huile dans un wok et faites sauter les noix de cajou 2 à 3 minutes jusqu'à ce qu'elles soient dorées. Retirez-les du wok et égouttez-les sur du papier absorbant. Faites revenir les gambas 2 à 3 minutes à feu vif dans le wok, sans cesser de remuer, jusqu'à ce qu'elles deviennent roses, puis mettez-les dans un grand saladier. Salez et poivrez généreusement.

3 Ajoutez les vermicelles, les haricots mange-tout, la menthe, la coriandre et les noix de cajou. Versez la sauce et mélangez bien. Servez aussitôt.

PRATIQUE Si vous ne trouvez pas de gambas crues chez votre poissonnier, achetez des gambas crues congelées et faites-les décongeler au moins trois heures au réfrigérateur, dans une passoire pour laisser le liquide s'écouler. Essuyez-les bien et faites-les frire, puis décortiquez-les en gardant les queues intactes.

Légumes sautés à la chinoise

Pour 4 personnes

2 c. s. d'huile végétale
4 oignons nouveaux coupés en tronçons de 3 cm
3 gousses d'ail pilées
1 piment rouge frais épépiné et coupé en lanières
75 g de champignons de Paris coupés en quatre
100 g de chou chinois coupé en gros morceaux
2 c. s. de sauce de soja
1 c. c. de nuoc-mâm
1 c. s. de sauce aux huîtres
60 ml de bouillon de légumes
1/2 c. c. de sucre de palme râpé
150 g de haricots mange-tout
150 g de chou-fleur coupé en petits bouquets
150 g de brocolis coupés en petits bouquets

1 Faites chauffer l'huile dans un wok et faites revenir l'ail, le piment et l'oignon 20 secondes à feu vif. Ajoutez les champignons et le chou et laissez cuire 1 minute.

2 Incorporez la sauce de soja, le nuoc-mâm, la sauce aux huîtres, le bouillon, le sucre de palme, les haricots mange-tout, les bouquets de chou-fleur et de brocolis et prolongez la cuisson pendant 2 minutes jusqu'à ce qu'ils soient tendres. Servez aussitôt.

Bœuf à la citronnelle

Pour 4 personnes

300 g de riz long grain
3 gousses d'ail finement hachées
1 c. s. de gingembre frais râpé
4 tiges de citronnelle (la partie blanche uniquement) finement hachées
3 c. s. d'huile végétale
600 g de rumsteck coupé en tranches fines
1 c. s. de jus de citron vert
2 c. s. de nuoc-mâm
2 c. s. de kecap manis (sauce de soja épaisse)
1 gros oignon rouge émincé
200 g de haricots verts coupés en tronçons de 5 cm

1 Faites bouillir un grand volume d'eau dans une casserole, versez le riz et faites-le cuire 12 minutes, en remuant de temps en temps, puis égouttez-le bien.

2 Mélangez l'ail, le gingembre, la citronnelle et 2 cuillerées à soupe d'huile dans un saladier. Ajoutez le bœuf et laissez mariner 10 minutes. Mélangez le jus de citron, le nuoc-mâm et le kecap manis dans un bol.

3 Faites chauffer un wok et mettez-y le bœuf avec sa marinade ; laissez cuire 2 à 3 minutes à feu vif, jusqu'à ce qu'il brunisse. Retirez du wok et réservez.

4 Faites chauffer le reste d'huile dans le wok et faites revenir l'oignon pendant 2 minutes, puis ajoutez les haricots et laissez cuire 2 minutes à feu vif. Remettez le bœuf dans le wok, versez le mélange à base de nuoc-mâm et réchauffez bien le tout en remuant sans cesse. Servez avec le riz.

Porc caramélisé au potiron

Pour 4 personnes

250 g de riz au jasmin
500 g de filet de porc en tranches fines
2 gousses d'ail pilées
3 c. s. d'huile d'arachide
300 g de chair de potiron en tranches épaisses
60 g de cassonade
60 ml de nuoc-mâm
60 ml de vinaigre de riz
2 c. s. de feuilles de coriandre fraîche hachées
1,25 kg de légumes verts asiatiques (bok choy, choy sum, gai larn)

1 Faites bouillir un grand volume d'eau dans une casserole, versez le riz et faites-le cuire 12 minutes, en remuant de temps en temps, puis égouttez-le bien.

2 Dans un saladier, mélangez la viande, 2 cuillerées à café d'huile d'arachide et l'ail. Salez et poivrez généreusement.

3 Faites chauffer le reste d'huile dans un wok et faites revenir le porc en plusieurs fois pendant 1 minute, jusqu'à ce qu'il se colore. Retirez du wok et réservez. Mettez le potiron dans le wok et faites-le sauter 4 minutes à feu vif, jusqu'à ce qu'il soit juste tendre. Retirez du wok et mélangez délicatement le potiron et la viande.

4 Mélangez la cassonade, le nuoc-mâm, le vinaigre de riz et 125 ml d'eau. Versez cette préparation dans le wok et laissez bouillir 10 minutes, jusqu'à ce que la sauce épaississe. Ajoutez le porc et le potiron et mélangez bien sur le feu jusqu'à ce que la préparation soit chaude. Ajoutez la coriandre et réservez au chaud.

5 Mettez les légumes verts dans un cuit-vapeur et faites-les cuire 3 minutes au-dessus d'une casserole d'eau bouillante. Servez aussitôt avec du riz et le porc caramélisé au potiron.

Tofu sauté aux mange-tout et aux champignons

Pour 4 personnes

250 g de riz au jasmin
60 ml d'huile d'arachide
600 g de tofu ferme égoutté et coupé en dés de 2 cm
2 c. c. de sambal oelek (voir page 154)
2 gousses d'ail finement hachées
400 g de champignons asiatiques frais émincés (shiitake, enoki...)
300 g de haricots mange-tout parés
60 ml de kecap manis (sauce de soja épaisse)

1 Faites bouillir un grand volume d'eau dans une casserole, versez le riz et faites-le cuire 12 minutes, en remuant de temps en temps, puis égouttez-le bien.

2 Faites chauffer 2 cuillerées à soupe d'huile dans un wok et faites sauter 2 à 3 minutes à feu vif le tofu, jusqu'à ce qu'il soit bien doré, puis retirez du wok.

3 Ajoutez dans le wok le reste d'huile, le sambal oelek, l'ail, les champignons, les haricots mange-tout et 1 cuillerée à soupe d'eau. Faites revenir le tout 1 à 2 minutes jusqu'à ce que les légumes soient cuits tout en restant croquants.

4 Remettez le tofu dans le wok, ajoutez le kecap manis et laissez cuire 1 minute jusqu'à ce que la préparation soit bien chaude. Servez aussitôt avec le riz.

Poulet sauté au gingembre et aux nouilles

Pour 4 personnes

2 c. s. de gingembre frais finement haché
60 ml de mirin (vin de riz)
2 c. s. de sauce de soja
600 g de blancs de poulet en fines tranches
180 g de mini-épis de maïs frais
1 chou chinois
150 g de champignons asiatiques frais (enoki, shiitake)
500 g de nouilles hokkien (nouilles de blé fraîches)
2 c. s. d'huile végétale
2 c. s. de sauce aux huîtres

1 Mélangez le gingembre, le mirin et la sauce de soja dans un saladier. Incorporez le poulet et mélangez bien pour l'enrober de marinade. Laissez reposer pendant que vous préparez les légumes.

2 Coupez les épis de maïs en deux dans la longueur. Coupez la base du chou et détaillez-le en tronçons de 6 cm. Si les champignons sont très gros, coupez-les en deux. Faites tremper les nouilles 5 minutes dans un grand volume d'eau bouillante, puis rincez-les à l'eau froide et laissez égoutter.

3 Retirez les morceaux de poulet de la marinade à l'aide d'une écumoire et réservez la sauce. Faites chauffer 1 cuillerée à soupe d'huile dans un wok et faites sauter le poulet pendant 2 minutes jusqu'à ce qu'il soit bien doré et juste cuit, puis retirez-le du wok.

4 Versez le reste d'huile dans le wok et faites revenir les champignons et le maïs 1 à 2 minutes jusqu'à ce qu'ils deviennent tendres. Versez ensuite la marinade réservée, portez à ébullition, puis ajoutez le poulet, le chou, les nouilles et la sauce aux huîtres. Laissez chauffer 1 à 2 minutes en mélangeant bien jusqu'à ce que le chou soit juste flétri et que les nouilles soient bien chaudes. Servez aussitôt.

Rouleaux de printemps aux crevettes

Pour 4 personnes

1 c. s. d'huile d'arachide
2 gousses d'ail pilées
200 g de champignons shiitake émincés
5 oignons nouveaux hachés
60 g de châtaignes d'eau (voir page 154) égouttées et hachées
150 g de mini-épis de maïs coupés en gros morceaux
650 g de grosses crevettes décortiquées et coupées en gros morceaux
500 g de feuilles de riz
un peu d'huile pour le cuit-vapeur

Sauce au gingembre
60 ml de sauce de soja claire
2 c. s. d'huile de sésame
1 c. c. de gingembre frais râpé
1 c. c. de sucre
2 c. s. de vin de riz chinois

1 Faites chauffer l'huile dans un wok et faites revenir l'ail et les champignons 1 minute à feu vif. Ajoutez les oignons, les châtaignes d'eau, le maïs et les crevettes et laissez cuire 2 minutes, jusqu'à ce que le maïs soit tendre et que les crevettes changent de couleur. Retirez le wok du feu.

2 Déroulez délicatement les feuilles de riz et coupez-les en deux de façon à obtenir deux rectangles de 16 x 24 cm. Disposez un quart de la préparation aux crevettes à une des extrémités du rectangle, en laissant un bord de 3 cm sur le petit côté et sur le grand côté. Rabattez le bord vide du grand côté sur la garniture et roulez la feuille de riz pour enfermer la garniture. Couvrez avec un torchon humide et recommencez l'opération avec le reste de pâte et de garniture de façon à former trois autres rouleaux.

3 Tapissez de feuilles de salade ou de papier sulfurisé le fond d'un cuit-vapeur en bambou, badigeonnez légèrement d'huile et disposez les rouleaux sans qu'ils se touchent. Faites cuire 4 à 5 minutes au-dessus d'une casserole d'eau frémissante.

4 Pendant ce temps, mélangez la sauce de soja, l'huile de sésame, le sucre, le gingembre et le vin de riz dans une petite casserole et faites cuire à feu doux en remuant, jusqu'à ce que la sauce soit chaude. Disposez les rouleaux sur un plat, arrosez-les de sauce et servez aussitôt.

Nouilles udon sauce au miso

Pour 4 personnes

1 c. s. de miso (pâte fermentée à base de graines de soja)
1 c. s. de sauce de soja brune
2 c. s. de saké (alcool de riz)
1/2 c. c. de sucre
400 g de nouilles udon (nouilles japonaises épaisses) fraîches
1 c. s. d'huile d'arachide
5 oignons nouveaux coupés en tronçons de 5 cm
1 poivron rouge coupé en lanières fines
100 g de champignons shiitake émincés
150 g de haricots mange-tout coupés en lanières dans le sens de la longueur

1 Mélangez le miso et la sauce de soja pour former une pâte onctueuse. Ajoutez le sucre et le saké en remuant bien.

2 Faites tremper les nouilles 1 à 2 minutes dans un saladier d'eau bouillante salée jusqu'à ce qu'elles soient tendres, puis rincez-les à l'eau froide et égouttez-les.

3 Faites chauffer l'huile dans un wok et faites revenir les oignons et le poivron jusqu'à ce qu'ils soient tendres. Ajoutez les champignons et les haricots mange-tout et laissez-les cuire 2 à 3 minutes à feu vif, en remuant sans cesse.

4 Ajoutez les pâtes et la sauce dans le wok, mélangez et servez aussitôt.

Galettes de nouilles frites au wasabi

Pour 4 personnes

Sauce au wasabi
1/2 c. c. de wasabi (condiment japonais à base de raifort)
3 c. c. de sauce de soja brune
3 c. s. de mirin (vin de riz)

80 g de nouilles ramen (nouilles de blé fine et longues) sèches
1 carotte râpée
2 feuilles de nori (algue japonaise frite) coupées en lanières fines
2 oignons nouveaux émincés
155 g de farine
250 ml d'eau glacée
huile végétale pour la friture

1 Délayez le wasabi dans un peu de sauce de soja pour former une pâte onctueuse, puis ajoutez le mirin et le reste de sauce de soja en remuant pour éviter les grumeaux.

2 Faites cuire les nouilles 5 minutes dans un grand volume d'eau bouillante salée jusqu'à ce qu'elles soient tendres. Rincez-les à l'eau froide, égouttez-les puis coupez-les en tronçons de 5 cm et mettez-les dans un saladier. Ajoutez les oignons, les feuilles de nori et la carotte râpée. Mélangez et laissez reposer.

3 Mettez la farine dans un grand saladier ; faites un puits au centre et versez-y l'eau glacée. Remuez avec une fourchette jusqu'à obtention d'une pâte homogène.

4 Versez de l'huile jusqu'aux deux tiers d'un wok et faites-la chauffer à 180 °C. Mettez les nouilles dans la pâte et mélangez délicatement. Prélevez une louche de ce mélange et plongez-le dans la friture en le laissant s'étaler un peu, puis laissez frire 2 à 3 minutes en le retournant régulièrement pour qu'il soit bien doré des deux côtés. Retirez du wok et égouttez sur du papier absorbant. Réservez au chaud à four moyen en laissant la porte ouverte et répétez l'opération avec le reste des ingrédients. Servez aussitôt avec la sauce au wasabi.

Omelette chinoise

Pour 4 personnes

6 champignons noirs chinois entiers déshydratés
6 œufs légèrement battus
6 oignons nouveaux émincés
1 petit poivron rouge coupé en lanières
90 g de germes de soja
1 c. s. d'huile de sésame
3 c. c. de sauce de soja
3 c. s. d'huile végétale
2 gousses d'ail pilées
250 ml de bouillon de poule
1 c. s. de sauce aux huîtres
1 c. c. de sucre
2 c. c. de farine de maïs

1 Mettez les champignons dans un récipient résistant à la chaleur, recouvrez-les d'eau bouillante et laissez-les tremper 15 minutes. Égouttez-les, éliminez les pieds puis émincez les têtes.

2 Mélangez les œufs, 4 oignons nouveaux, le poivron, les germes de soja, l'huile de sésame et 1 cuillerée à soupe de sauce de soja dans un saladier. Salez et poivrez.

3 Faites chauffer 1 cuillerée à soupe d'huile végétale dans un wok et versez un quart de la préparation aux œufs en l'étalant uniformément. Laissez cuire 1 à 2 minutes jusqu'à ce que l'omelette soit ferme, puis retournez-la et laissez cuire 1 minute de l'autre côté jusqu'à ce qu'elle se colore. Retirez du wok et réservez au chaud. Répétez l'opération trois fois en ajoutant un peu d'huile dans le wok si nécessaire.

4 Faites chauffer le reste d'huile dans le wok et faites revenir les champignons et l'ail pendant 1 minute. Ajoutez le bouillon, 2 oignons nouveaux, le reste de sauce de soja, la sauce aux huîtres et le sucre, puis portez à ébullition. Baissez le feu et laissez mijoter 1 minute. Délayez la farine de maïs dans un peu d'eau et versez ce mélange dans le wok, puis laissez mijoter 2 minutes en remuant, jusqu'à épaississement de la sauce. Servez les omelettes chaudes nappées de sauce.

Agneau à la menthe et aux nouilles de Shanghai

Pour 4 personnes

400 g de nouilles de Shanghai (nouilles de blé)
1 c. c. d'huile de sésame
2 c. s. d'huile d'arachide
220 g de filet d'agneau en fines tranches
2 gousses d'ail pilées
2 piments rouges frais épépinés et émincés
1 c. s. de sauce aux huîtres
2 c. c. de sucre de palme
2 c. s. de nuoc-mâm
2 c. s. de jus de citron vert
10 g de menthe fraîche hachée
8 quartiers de citron vert

1 Faites cuire les nouilles 4 à 5 minutes dans un grand volume d'eau bouillante salée jusqu'à ce qu'elles soient tendres. Rincez-les à l'eau froide, égouttez-les, remettez-les dans la casserole puis versez l'huile de sésame et mélangez bien.

2 Faites chauffer l'huile d'arachide dans un wok et faites sauter l'agneau 1 à 2 minutes à feu vif, jusqu'à ce qu'il brunisse. Incorporez l'ail et le piment, mélangez bien et laissez cuire 30 secondes. Ajoutez alors la sauce aux huîtres, le sucre de palme, le nuoc-mâm, le jus de citron et les nouilles et laissez cuire 2 à 3 minutes, jusqu'à ce que les nouilles soient chaudes. Parsemez de menthe et servez aussitôt. Accompagnez de quartiers de citron vert.

Bœuf sauté aux asperges

Pour 4 personnes

500 g de filet de bœuf en tranches fines
1 c. s. de sauce de soja claire
1/2 c. c. d'huile de sésame
3 c. c. de vin de riz chinois
3 c. s. d'huile végétale
200 g d'asperges vertes coupées en trois
3 gousses d'ail pilées
2 c. c. de gingembre frais coupé en julienne
60 ml de bouillon de poule
3 c. s. de sauce aux huîtres

1 Mélangez le bœuf, l'huile de sésame, la sauce de soja et 2 cuillerées à café de vin de riz dans un saladier. Couvrez et laissez mariner 15 minutes au moins.

2 Faites chauffer 1 cuillerée à soupe d'huile dans un wok et faites revenir les asperges 1 à 2 minutes, jusqu'à ce qu'elles soient juste tendres, puis retirez-les du wok.

3 Retirez la viande de la marinade. Ajoutez 1 cuillerée à soupe d'huile dans le wok et faites cuire le bœuf pendant 1 à 2 minutes, puis retirez du wok.

4 Versez le reste d'huile dans le wok et faites revenir l'ail et le gingembre pendant 1 minute. Versez le bouillon, la sauce aux huîtres et le reste de vin de riz et laissez bouillir 1 à 2 minutes, jusqu'à épaississement de la sauce. Remettez le bœuf et les asperges dans le wok et laissez cuire 1 minute, jusqu'à ce que la viande et les légumes soient imprégnés de sauce. Servez aussitôt avec du riz à la vapeur.

Poulet au curry

Pour 4 personnes

300 g de riz au jasmin
3 c. c. d'huile d'arachide
6 oignons nouveaux émincés
800 g de blancs de poulet coupés en fines tranches
1 c. s. de pâte de curry rouge
90 g de beurre de cacahuètes
270 ml de lait de coco
2 c. c. de cassonade
2 c. s. de jus de citron vert

1 Faites bouillir un grand volume d'eau dans une casserole, versez le riz et faites-le cuire 12 minutes, en remuant de temps en temps, puis égouttez-le bien.

2 Faites chauffer 1 cuillerée à soupe d'huile d'arachide dans un wok et faites revenir les oignons pendant 1 minute, jusqu'à ce qu'ils soient juste tendres. Retirez-les du wok. Ajoutez un peu d'huile d'arachide et faites sauter le poulet jusqu'à ce qu'il soit cuit et doré, puis retirez-le du wok.

3 Versez le reste d'huile dans le wok et faites chauffer la pâte de curry jusqu'à ce qu'elle embaume. Ajoutez le lait de coco, le beurre de cacahuètes, la cassonade et 250 ml d'eau. Mélangez bien. Faites bouillir 3 à 4 minutes jusqu'à ce que la sauce épaississe. Baissez alors le feu, remettez le poulet dans le wok et laissez cuire 2 minutes, en remuant, jusqu'à ce que la viande soit chaude. Versez le jus de citron, salez et poivrez, puis servez aussitôt avec une salade verte.

Calamars sautés au poivre vert

Pour 4 personnes

600 g de calamars
2 c. c. de racines de coriandre fraîche hachées
1 gousses d'ail pilées
3 c. s. d'huile végétale
25 g de poivre vert thaïlandais en boîte ou 25 g de grains de poivre frais écrasés grossièrement
2 c. s. de sauce de soja
1/2 c. c. de sucre de palme

1 Nettoyez les calamars, ouvrez-les, puis coupez-les en carrés de 4 cm.

2 Mixez 1 gousse d'ail, les racines de coriandre et 1 cuillerée à soupe d'huile jusqu'à obtention d'une pâte homogène. Ajoutez cette préparation sur les calamars, mélangez bien et laissez mariner 30 minutes.

3 Faites chauffer le reste d'huile dans un wok et faites sauter les calamars avec la gousse d'ail restante pendant 1 minute. Ajoutez le poivre et laissez revenir 2 minutes à feu vif, jusqu'à ce que les calamars soient juste cuits. Incorporez le sucre de palme et la sauce de soja, et mélangez sur le feu jusqu'à dissolution du sucre. Servez aussitôt.

ASTUCE Les calamars doivent mariner un certain temps, ce qui les rend plus tendres et permet de réduire le temps de cuisson.

Cuisson au gril

Dés de thon grillé aux nouilles

Pour 4 personnes

Sauce
60 ml de jus de citron vert
2 c. s. de nuoc-mâm
2 c. s. de sauce aux piments doux
2 c. c. de sucre de palme
1 c. c. d'huile de sésame

1 gousse d'ail pilée
1 c. s. d'huile d'olive
4 pavés de thon
200 g de nouilles de blé sèches
6 oignons nouveaux émincés
25 g de feuilles de coriandre fraîche hachées
4 quartiers de citron vert

1 Préparez la sauce en mélangeant dans le bol le jus de citron, le nuoc-mâm, le sucre, la sauce aux piments, l'huile de sésame et l'ail.

2 Badigeonnez un gril d'huile d'olive et faites griller le poisson à feu vif 2 minutes de chaque côté. Dressez les pavés de thon sur un plat, couvrez et réservez au chaud.

3 Faites cuire les nouilles 4 minutes dans un grand volume d'eau bouillante salée, jusqu'à ce qu'elles soient tendres, puis égouttez. Ajoutez la moitié de la sauce préparée, la moitié des oignons et la moitié de la coriandre, puis mélangez.

4 Coupez le thon en dés. Répartissez les nouilles sur les assiettes de service chaudes, ajoutez le poisson, puis garnissez d'oignons, de feuilles de coriandre et de quartiers de citron vert.

Gambas grillées aux épices et aux herbes

Pour 4 personnes

1 kg de gambas crues
3 c. c. de paprika fort
2 c. c. de cumin moulu
30 g de persil plat frais
30 g de feuilles de coriandre fraîche
100 ml de jus de citron
145 ml d'huile d'olive
280 g de semoule de couscous
1 c. s. de zeste de citron râpé
8 quartiers de citron

1 Décortiquez les gambas en conservant les queues, puis mettez-les dans un saladier. Faites griller le paprika et le cumin 1 minute dans une poêle antiadhésive, jusqu'à ce que le mélange embaume. Retirez du feu.

2 Mixez les épices, le persil, la coriandre, le jus de citron et 125 ml d'huile jusqu'à obtention d'une sauce homogène. Salez et poivrez. Versez cette sauce sur les gambas, mélangez et laissez mariner 10 minutes au moins au réfrigérateur. Faites préchauffer un gril ou le barbecue.

3 Pendant ce temps, portez à ébullition 250 ml d'eau et ajoutez le couscous, le zeste de citron, le reste d'huile et un peu de sel. Retirez du feu, couvrez et laissez reposer 5 minutes. Avec une fourchette, aérez la graine en ajoutant un peu d'huile d'olive si nécessaire.

4 Faites griller les gambas 3 à 4 minutes en les retournant régulièrement et en les badigeonnant plusieurs fois de marinade pendant la cuisson. Servez sur un lit de couscous, avec des quartiers de citron.

Kebabs d'agneau à la skordalia

Pour 4 personnes

1 kg de filet d'agneau coupé en dés
1 c. s. de paprika doux
1 c. s. de paprika fort
125 ml de jus de citron
125 ml d'huile d'olive
750 g de pommes de terre à chair farineuse coupées en gros morceaux
4 gousses d'ail pilées
300 g d'épinards frais
8 quartiers de citron

1 Faites tremper 12 brochettes en bambou dans l'eau pendant 30 minutes pour éviter qu'elles ne brûlent lors de la cuisson. Enfilez 6 dés d'agneau sur chaque brochette et disposez-les dans un grand plat en une seule couche.

2 Mélangez le paprika, 80 ml de jus de citron et 60 ml d'huile et arrosez les brochettes avec cet assaisonnement, puis couvrez et placez au réfrigérateur.

3 Pour la skordalia, faites cuire les pommes de terre 20 minutes dans l'eau bouillante jusqu'à ce qu'elles soient tendres, puis égouttez-les. Écrasez-les à la fourchette avec l'ail et 1 cuillerée à soupe de jus de citron. Ajoutez progressivement le reste d'huile d'olive. Salez et poivrez. Réservez au chaud.

4 Faites cuire les brochettes sur un gril préchauffé ou au barbecue, jusqu'à ce qu'elles soient à votre convenance.

5 Rincez les épinards à l'eau froide, puis faites-les fondre dans une poêle jusqu'à ce qu'ils commencent à se flétrir. Mettez-les sur un plat de service et arrosez-les avec le reste de jus de citron. Servez les brochettes d'agneau avec la skordalia et les épinards. Décorez de quartiers de citron.

Salade de légumes grillés à l'haloumi

Pour 4 personnes

4 aubergines moyennes coupées en deux dans le sens de la longueur
1 poivron rouge coupé en deux, puis en lanières
4 petites courgettes coupées en deux dans le sens de la longueur
80 ml d'huile d'olive
2 gousses d'ail pilées
200 g d'haloumi (fromage à base de lait de brebis et de chèvre) coupé en tranches de 5 mm
150 g de pousses d'épinards
1 c. s. de vinaigre balsamique

1 Préchauffez le four à 220 °C. Mélangez les légumes dans un saladier avec l'ail et 60 ml d'huile d'olive, salez et poivrez. Disposez les légumes en une seule couche dans un plat à gratin, enfournez et faites-les griller 20 à 30 minutes jusqu'à ce qu'ils brunissent en surface et soient tendres à l'intérieur.

2 Pendant ce temps, graissez une poêle et faites cuire les tranches de fromage 1 à 2 minutes de chaque côté.

3 Disposez les pousses d'épinards sur les assiettes de service et garnissez de légumes grillés et de fromage. Mélangez le reste d'huile et le vinaigre en battant bien, puis arrosez les légumes de cet assaisonnement. Servez aussitôt.

ASTUCE N'hésitez pas à varier les légumes en utilisant des tomates, des patates douces, des blancs de poireaux, du potiron...

Linguine aux fruits de mer

Pour 4 personnes

16 gambas décortiquées, avec la queue
350 g de calamars nettoyés et coupés en rondelles
125 ml d'huile d'olive
80 ml de jus de citron
3 gousses d'ail pilées
1/2 c. c. de piment séché en paillettes
3 c. s. de basilic frais haché
400 g de linguine
1 c. c. de zeste de citron râpé

1 Mettez les calamars et les gambas dans un saladier. Mélangez l'huile d'olive et le jus de citron et versez 60 ml de cet assaisonnement sur les fruits de mer. Ajoutez 2 cuillerées à soupe de basilic, le piment et l'ail. Mélangez. Couvrez et laissez mariner 5 minutes.

2 Faites cuire les linguine dans un grand volume d'eau bouillante salée. Égouttez les pâtes et remettez-les dans la casserole.

3 Pendant ce temps, préchauffez un gril en fonte et badigeonnez-le d'huile. Retirez les gambas de la marinade et faites-les cuire 2 à 3 minutes de chaque côté, puis retirez-les du gril. Procédez de même avec les calamars en ne les laissant pas cuire plus de 2 minutes et en les retournant une ou deux fois au cours de la cuisson.

4 Mettez les pâtes dans un grand saladier, ajoutez les fruits de mer et le zeste de citron, puis mélangez. Parsemez de basilic, salez et poivrez. Servez aussitôt.

Salade de haricots blancs au thon

Pour 4 personnes

250 g de haricots blancs secs
2 feuilles de laurier
2 gousses d'ail pilées
350 g de haricots verts équeutés
2 petits cœurs de fenouil émincés
1/2 oignon rouge émincé
30 g de persil plat frais haché grossièrement
125 ml d'huile d'olive
2 darnes de thon (400 g)
80 ml de jus de citron
1 petit piment rouge épépiné et haché
1 c. c. de sucre
1 c. s. de zeste de citron

1 Mettez les haricots secs dans un saladier, recouvrez-les d'eau froide et laissez-les gonfler pendant 8 heures au moins. Rincez-les, mettez-les dans une casserole et recouvrez d'eau froide. Ajoutez les feuilles de laurier et 1 gousse d'ail pilée, puis laissez mijoter 25 minutes, jusqu'à ce que les haricots soient tendres. Égouttez-les.

2 Faites cuire les haricots verts 1 à 2 minutes dans l'eau bouillante, puis rincez-les à l'eau froide. Mélangez-les dans un grand saladier avec le fenouil, l'oignon et le persil.

3 Badigeonnez d'huile d'olive les darnes de thon et faites-le griller 2 minutes de chaque côté à feu vif jusqu'à ce que le thon soit doré (l'intérieur doit être légèrement rose). Retirez le gril du feu, laissez reposer 2 minutes, puis coupez les darnes en cubes de 3 cm. Ajoutez-les dans le saladier contenant les légumes.

4 Mélangez le jus de citron, la seconde gousse d'ail pilée, le piment, le sucre et le zeste de citron dans un bol. Versez le reste d'huile d'olive en battant vigoureusement, salez et poivrez, puis versez cette sauce sur la salade en mélangeant délicatement.

PRATIQUE Faites tremper les haricots la veille et faites-les cuire au moins deux heures à l'avance pour qu'ils puissent refroidir. Si vous n'avez pas beaucoup de temps, utilisez des haricots en boîte, mais le résultat sera moins bon.

Salade de légumes grillés au vinaigre balsamique

Pour 4 personnes

4 petites aubergines
4 tomates olivettes
2 poivrons rouges
1 poivron vert
2 courgettes
100 ml d'huile d'olive
12 petits bocconcini (fromage italien à pâte filée)
45 g d'olives
1 gousse d'ail finement hachée
3 c. c. de câpres
1/2 c. c. de sucre
2 c. s. de vinaigre balsamique

1 Coupez les aubergines, les tomates et les poivrons en deux dans le sens de la longueur. Épépinez et retirez les membranes des poivrons avant de recouper chaque moitié en trois. Coupez les courgettes en rondelles fines.

2 Préchauffez un gril, badigeonnez-le d'huile d'olive et faites griller les légumes en plusieurs fois, jusqu'à ce qu'ils soient tendres à l'intérieur et bien dorés en surface. Ajoutez au besoin un peu d'huile sur le gril quand les légumes commencent à attacher. Laissez reposer les légumes dans un grand plat puis mélangez-les dans un saladier.

3 Ajoutez les bocconcini, les olives, l'ail et les câpres. Mettez dans un petit bol le sucre, le vinaigre et le reste d'huile (environ 2 cuillerées à soupe), remuez bien, puis versez sur les légumes et mélangez délicatement.

Côtes d'agneau à la gremolata

Pour 4 personnes

4 c. s. de feuilles de menthe fraîche finement hachées
1 c. s. de persil plat frais haché
2 gousses d'ail
2 c. s. de zeste de citron haché menu
2 c. s. d'huile d'olive
8 côtes d'agneau
2 carottes
2 courgettes

1 Préparez la gremolata en mélangeant la menthe, le persil, l'ail et le zeste de citron.

2 Faites chauffer un gril en fonte, puis faites cuire les côte d'agneau 2 minutes de chaque côté. Retirez la viande du gril et réservez au chaud.

3 Ôtez le bout des carottes et des courgettes, puis détaillez ces légumes en fines lanières à l'aide d'un économe. Faites chauffer l'huile dans une poêle et faites revenir rapidement ces légumes à feu moyen, jusqu'à ce qu'ils soient juste tendres et légèrement dorés.

4 Disposez les légumes sur les assiettes chaudes, ajoutez une côte d'agneau par assiette et garnissez de gremolata.

Brochettes de légumes au couscous

Pour 4 personnes

5 petites courgettes coupées en cubes
5 petites aubergines coupées en cubes
12 champignons de Paris coupés en deux
2 poivrons rouges coupés en dés de 1,5 cm
250 g de fromage de brebis coupé en cubes
80 ml de jus de citron
2 gousses d'ail finement hachées
5 c. s. de basilic frais finement haché
145 ml d'huile d'olive
185 g de couscous
1 c. c. de zeste de citron
8 quartiers de citron

1 Faites trempez 12 brochettes en bambou dans l'eau pendant 30 minutes pour éviter qu'elles ne brûlent. Préparez les brochettes en faisant alterner les différents légumes et en piquant deux dés de fromage par brochette. Placez le tout en une seule couche sur un grand plat.

2 Mélangez le jus de citron, l'ail, 4 cuillerées de basilic et 125 ml d'huile dans un grand bol. Versez les deux tiers de la marinade sur les brochettes en les retournant plusieurs fois, couvrez et laissez mariner au moins 15 minutes. Réservez le tiers de marinade restant.

3 Mélangez la semoule du couscous et le zeste de citron dans un récipient résistant à la chaleur et versez 375 ml d'eau bouillante. Laissez reposer 5 minutes jusqu'à ce que tout le liquide soit absorbé. Ajoutez le reste d'huile et le reste de basilic, puis aérer la graine avec une fourchette. Couvrez.

4 Huilez un gril en fonte et faites-le chauffer à feu vif. Faites griller les brochettes 4 à 5 minutes de chaque côté (en les badigeonnant régulièrement de la marinade récupérée dans le plat), jusqu'à ce que les légumes soient tendres.

5 Disposez trois brochettes par assiette sur un lit de couscous. Nappez de marinade réservée, salez et poivrez. Accompagnez de quartiers de citron.

Travers de porc grillés

Pour 4 personnes

1 kg de travers de porc
60 ml de sauce hoisin (sauce épaisse à base de haricots de soja)
1 c. s. de vin de riz chinois
60 ml de sauce de soja
2 gousses d'ail hachées
3 oignons nouveaux émincés
1 c. s. de gingembre frais râpé
250 g de riz au jasmin
600 g de pousses de bok choy

1 Mélangez la sauce hoisin, le vin de riz, la sauce de soja, l'ail, 2 cuillerées d'oignons émincés et la moitié du gingembre dans un bol. Placez les carrés de porc dans un saladier et versez la sauce dessus, remuez bien, couvrez et laissez mariner 10 minutes.

2 Faites bouillir un grand volume d'eau, versez le riz et faites-le cuire 12 minutes, en remuant de temps en temps, puis égouttez-le bien.

3 Faites chauffer un peu d'huile dans une poêle à feu doux. Quand l'huile est chaude et avant qu'elle ne fume, retirez la poêle du feu et ajoutez le reste d'oignons et de gingembre. Salez, puis incorporez cette préparation dans le riz.

4 Faites chauffer un gril en fonte et badigeonnez-le d'huile. Faites cuire le porc en plusieurs fois, 8 à 10 minutes de chaque côté, en le nappant régulièrement de marinade pendant la cuisson. Pendant que le porc finit de griller, portez à ébullition le reste de marinade (ajoutez 80 ml d'eau au besoin). Laissez bouillir 2 minutes, puis ajoutez les pousses de bok choy et laissez cuire 1 à 2 minutes jusqu'à ce qu'il commence à se flétrir. Servez les travers de porc avec le riz et le bok choy.

Noix de Saint-Jacques aux cheveux d'ange

Pour 4 personnes

350 g de cheveux d'ange
100 g de beurre
3 gousses d'ail pilées
24 noix de Saint-Jacques sans le corail
150 g de pousses de roquette
2 c. c. de zeste de citron râpé
60 ml de jus de citron
125 g de tomates séchées émincées
30 g de parmesan en copeaux

1 Faites cuire les pâtes dans un grand volume d'eau bouillante salée.

2 Pendant ce temps, faites fondre le beurre dans une petite casserole, ajoutez l'ail et laissez cuire 1 minute à feu doux, en remuant, puis retirez du feu.

3 Huilez légèrement un gril en fonte et faites-le chauffer, puis faites griller les noix de Saint-Jacques 1 minute de chaque côté, en les badigeonnant de beurre à l'ail pendant la cuisson. Réservez au chaud.

4 Égouttez les pâtes et remettez-les dans la casserole avec le reste de beurre à l'ail, la roquette, le zeste de citron, le jus de citron et les tomates. Mélangez bien. Répartissez les cheveux d'ange sur les assiettes chaudes et garnissez de noix de Saint-Jacques. Décorez de copeaux de parmesan.

Pavés de bœuf au romarin

Pour 4 personnes

12 pommes de terre nouvelles
60 ml d'huile d'olive
4 feuilles de papier d'aluminium
1 c. s. de romarin frais haché
6 gousses d'ail émincées
4 gros champignons de Paris
12 asperges vertes
250 ml de vin rouge
4 pavés de bœuf dans le filet

1 Faites chauffer un gril en fonte. Badigeonnez les pommes de terre avec 2 cuillerées à soupe d'huile. Disposez 4 pommes de terre sur chaque feuille de papier d'aluminium, refermez bien les papillotes et faites cuire 30 à 40 minutes sur le gril, en les retournant fréquemment.

2 Pendant ce temps, badigeonnez les champignons avec un peu d'huile et réservez.

3 Mélangez le vin rouge avec le reste d'huile, le romarin et l'ail. Poivrez généreusement et laisser la viande reposer au moins 30 minutes dans cette marinade.

4 Retirez la viande de la marinade. Faites griller la viande et les champignons sur le gril très chaud (comptez 3 minutes de chaque côté pour une viande saignante, un peu plus si vous la préférez à point). Disposez la viande et les champignons sur un plat de service, couvrez et laissez reposer. Pendant ce temps, faites cuire les asperges 2 minutes sur le gril, à feu vif, en les retournant plusieurs fois.

5 Sortez les pommes de terre de leur papillote, salez et poivrez. Servez avec les pavés de viande et les légumes grillés.

Poulet cajun à la salsa de maïs

Pour 4 personnes

2 épis de maïs
2 tomates coupées en dés
1 petit concombre coupé en dés
2 c. s. de feuilles de coriandre fraîche hachées grossièrement
4 blancs de poulet (200 g chacun)
35 g d'épices cajun
2 c. s. de jus de citron vert
4 quartiers de citron vert

1 Faites cuire les épis de maïs 5 minutes dans une casserole d'eau bouillante jusqu'à ce qu'ils soient tendres. Laissez refroidir quelques minutes, puis enlevez les grains avec un couteau et mélangez-les dans un saladier avec les tomates, le concombre et la coriandre. Assaisonnez et mélangez bien. Mettez au réfrigérateur.

2 Huilez légèrement un gril et faites-le chauffer. Placez chaque blanc de poulet entre deux feuilles de papier sulfurisé et aplatissez-le avec un maillet à viande. Étalez les épices cajun sur les blancs de poulet en pressant bien, puis faites griller la viande 5 minutes de chaque côté, jusqu'à ce qu'elle soit bien cuite.

3 Au moment de servir, versez le jus de citron sur la salsa de maïs. Dressez sur chaque assiette un peu de salsa, un blanc de poulet et un quartier de citron vert. Accompagnez d'une salade verte.

Agneau grillé au sumac

Pour 4 personnes

2 c. s. d'huile d'olive
750 g de petites pommes de terre nouvelles
3 gousses d'ail pilées
60 ml de jus de citron
1 poivron rouge épépiné et coupé en quatre
4 tranches d'agneau coupées dans le filet
1 c. s. de sumac
3 c. s. de persil plat frais finement haché
250 g de baba ghanoush (caviar d'aubergines)

1 Faites chauffer l'huile dans une grande poêle et faites revenir les pommes de terre et l'ail à feu vif pendant 5 minutes, en remuant régulièrement, jusqu'à ce qu'elles soient bien dorées. Ajoutez le jus de citron, baissez le feu, couvrez et laissez mijoter 15 à 20 minutes, jusqu'à ce que les pommes de terre soient tendres. Salez et poivrez.

2 Pendant ce temps, huilez un gril et faites-le chauffer à feu vif, puis faites griller le poivron 1 à 2 minutes, jusqu'à ce que la peau commence à se boursoufler et à noircir. Retournez-le et faites-le cuire 1 à 2 minutes côté chair. Réservez le poivron dans un saladier et couvrez avec du film alimentaire.

3 Saupoudrez l'agneau de sumac et faites-le griller 4 à 5 minutes de chaque côté, puis mettez-le sur un plat et couvrez-le avec une feuille de papier sulfurisé. Pelez le poivron et coupez-le en lanières.

4 Ajoutez le persil sur les pommes de terre. Répartissez le baba ghanoush dans 4 assiettes. Coupez l'agneau en tranches de 1 cm dans la diagonale et disposez ces tranches avec le poivron sur le baba ghanoush. Servez avec les pommes de terre et une salade.

ASTUCE Le sumac est une épice moyen-orientale, que l'on peut acheter dans les épiceries fines. Si vous ne pouvez pas vous en procurer, remplacez-le par du cumin moulu.

Gnocchis gratinés au gorgonzola et à la sauge

Pour 4 personnes

800 g de gnocchis de pommes de terre
60 g de beurre
2 gousses d'ail pilées
10 g de feuilles de sauge fraîches
100 g de gorgonzola
150 g de crème fraîche
100 g de parmesan râpé

1 Préchauffez le gril du four. Graissez 4 ramequins résistants à la chaleur. Faites cuire les gnocchis dans un grand volume d'eau salée ; dès qu'ils remontent à la surface, retirez-les avec une écumoire et répartissez-les dans les ramequins.

2 Faites fondre le beurre dans une petite casserole, ajoutez l'ail et les feuilles de sauge et laissez cuire quelques minutes jusqu'à ce que les feuilles de sauge commencent à croustiller. Versez cette sauce sur les gnocchis.

3 Parsemez les gnocchis de noisettes de gorgonzola, puis nappez de crème et saupoudrez de parmesan. Faites dorer les gnocchis au four jusqu'à ce que le dessus soit gratiné. Servez avec une salade verte.

ASTUCE Vous pouvez faire cuire les gnocchis dans un grand plat à gratin plutôt que dans des ramequins individuels.

Brochettes de bœuf sauce aux cacahuètes

Pour 4 personnes

1 oignon émincé
2 gousses d'ail pilées
2 c. c. de sambal oelek (voir page 154)
1 tige de citronnelle (la partie blanche uniquement) hachée
2 c. c. de gingembre frais haché
2 c. s. d'huile d'olive
270 ml de lait de coco
125 g de beurre de cacahuètes
1 1/2 c. s. de nuoc-mâm
2 c. c. de sauce de soja
1 c. s. de sucre de palme râpé ou de cassonade
2 c. s. de jus de citron vert
2 c. s. de feuilles de coriandre fraîche hachées
750 g de filet de bœuf coupé en tranches fines

1 Mixez l'oignon, l'ail, le sambal oelek, la citronnelle et le gingembre jusqu'à obtention d'une pâte onctueuse.

2 Faites chauffer l'huile dans une poêle et faites cuire cette pâte 2 à 3 minutes en remuant, jusqu'à ce que le mélange embaume. Incorporez le lait de coco, le beurre de cacahuètes, le nuoc-mâm, la sauce de soja, le sucre de palme et le jus de citron vert et portez à ébullition. Baissez le feu et laissez mijoter 5 minutes, puis ajoutez la coriandre hachée. Réservez au chaud.

3 Pendant ce temps, enfilez la viande sur 12 brochettes en métal et faites-les cuire sur un gril bien chaud, 2 minutes de chaque côté. Servez les brochettes nappées de sauce aux cacahuètes. Accompagnez de riz au jasmin et de feuilles de roquette.

ASTUCE Si vous utilisez des brochettes en bois ou en bambou, faites-les tremper 30 minutes dans l'eau pour éviter qu'elles ne brûlent pendant la cuisson.

Poulet grillé au citron vert et à la coriandre

Pour 4 personnes

3 c. c. de gingembre frais râpé
25 g de feuilles de coriandre hachées
2 c. c. de zeste de citron vert
80 ml de jus de citron vert
4 blancs de poulet (sans la peau)
250 g de riz au jasmin
2 c. s. d'huile végétale
3 courgettes coupées en gros morceaux
4 gros champignons de Paris sans les pieds

1 Mélangez le gingembre, la coriandre, le zeste de citron et 2 cuillerées à café de jus de citron. Étalez 2 cuillerées à soupe de ce mélange sur chaque blanc de poulet, salez et poivrez. Couvrez et laissez mariner 1 heure. Mélangez le reste de marinade avec le reste de jus de citron dans un récipient hermétique et réservez.

2 Faites bouillir un grand volume d'eau dans une casserole, versez le riz et faites-le cuire 12 minutes, en remuant de temps en temps, puis égouttez-le bien.

3 Huilez un gril et faites-le chauffer. Faites griller les blancs de poulet 4 à 5 minutes sur une seule face. Ajoutez les légumes en remettant un peu d'huile sur le gril si nécessaire, retournez les blancs de poulet et poursuivez la cuisson pendant 5 minutes, en retournant de temps en temps les légumes, jusqu'à ce qu'ils soient tendres à l'intérieur.

4 Répartissez le riz dans les assiettes, ajoutez les blancs de poulet coupés en tranches, garnissez de légumes grillés et nappez de marinade au citron.

Gambas grillées à l'ail et au piment

Pour 4 personnes

8 grosses gambas crues (800 g)
140 ml d'huile d'olive
3 gousses d'ail pilées
1 c. s. de sauce aux piments doux
4 c. s. de jus de citron vert
quelques feuilles de salade mélangée

1 Enlevez la tête des gambas sans les décortiquer et coupez-les en deux dans le sens de la longueur.

2 Mélangez dans un saladier 80 ml d'huile d'olive, 2 gousses d'ail, la sauce aux piments et 2 cuillerées à soupe de jus de citron vert. Ajoutez les gambas, mélangez bien et laissez mariner 30 minutes.

3 Pendant ce temps, mélangez le reste d'huile, de jus de citron vert et d'ail dans un bol. Faites chauffer un gril et badigeonnez-le d'huile. Quand l'huile est très chaude, faites griller les gambas bien égouttées 1 à 2 minutes de chaque côté. Répartissez les gambas sur les feuilles de salade, dans un grand plat ou sur les assiettes de service. Arrosez de sauce au citron, salez et poivrez. Servez aussitôt.

Steaks grillés aux oignons caramélisés

Pour 4 personnes

3 c. c. de moutarde à l'ancienne
200 g de crème fraîche
1 poivron rouge épépiné et coupé en quatre
1 poivron jaune épépiné et coupé en quatre
2 courgettes coupées en fines tranches dans le sens de la longueur
2 c. s. d'huile végétale
2 oignons rouges émincés
4 steaks (800 g)
2 c. s. de cassonade
60 ml de vinaigre balsamique

1 Faites chauffer un gril à feu vif. Mélangez la moutarde et la crème fraîche dans un saladier, salez, poivrez, couvrez et réservez.

2 Badigeonnez les poivrons et les courgettes avec 1 cuillerée à soupe d'huile. Faites griller les poivrons pendant 5 minutes, en les retournant régulièrement, jusqu'à ce qu'ils soient tendres. Réservez au chaud en les recouvrant de papier sulfurisé. Faites ensuite griller les courgettes pendant 5 minutes, puis réservez-les à couvert.

3 Faites chauffer le reste d'huile et faites revenir les oignons 5 minutes, en les retournant régulièrement, jusqu'à ce qu'ils deviennent tendres. Poussez-les alors sur le côté du gril et faites cuire la viande 3 à 4 minutes de chaque côté. Retirez les steaks du gril, couvrez-les avec une feuille de papier sulfurisé et laissez reposer. Étalez les oignons sur toute la surface du gril, baissez le feu, ajoutez le sucre sur les oignons et laissez cuire 1 à 2 minutes jusqu'à dissolution du sucre. Ajoutez alors le vinaigre en remuant constamment. Quand tout le liquide s'est évaporé, retirez du feu.

4 Pelez les poivrons et répartissez-les avec les courgettes sur les assiettes de service. Ajoutez les steaks, garnissez-les d'oignons caramélisés et servez avec 1 cuillerée à soupe de sauce à la moutarde.

Champignons farcis

Pour 8 personnes

8 gros champignons de Paris
100 g de semoule de couscous précuite
1 c. s. d'huile d'olive
1 c. c. de cumin moulu
1/2 c. c. de poivre de Cayenne
2 c. c. de zeste de citron râpé
125 ml de bouillon de poule
1 tomate coupée en petits dés
1 c. s. de jus de citron
2 c. s. de persil plat frais haché
2 c. s. de menthe fraîche hachée

1 Graissez un gril en fonte et faites-le chauffer. Pelez les champignons, retirez les pieds et faites griller les têtes en posant la face intérieure sur le gril.

2 Mélangez dans un saladier la semoule, l'huile d'olive, le cumin, le poivre de Cayenne et le zeste de citron. Salez et poivrez.

3 Portez à ébullition le bouillon de poule, puis versez-le sur la semoule. Couvrez et laissez reposer 5 minutes jusqu'à absorption complète du liquide. Aérez la graine avec une fourchette, puis ajoutez les dés de tomate, le jus de citron, le persil et la menthe. Mélangez bien. Farcissez les champignons avec cette préparation en tassant bien, puis faites-les dorer quelques minutes au four. Servez chaud ou à température ambiante.

Poulet tandoori

Pour 4 personnes

250 g de yaourt nature
60 g de pâte tandoori
2 c. s. de jus de citron
1 kg de blancs de poulet en dés de 3 cm
1 c. s. d'huile végétale
1 oignon haché grossièrement
300 g de riz long grain
2 bâtons de cardamome écrasés
750 ml de bouillon de poule
400 g d'épinards frais

1 Faites tremper 8 brochettes en bois 30 minutes dans l'eau pour éviter qu'elles ne brûlent. Mélangez le yaourt, la pâte tandoori et le jus de citron dans un plat. Incorporez les dés de poulet, couvrez et laissez mariner 10 minutes au moins.

2 Pendant ce temps, faites chauffer l'huile dans une sauteuse. Ajoutez l'oignon et faites-le revenir 3 minutes, puis ajoutez le riz et la cardamome. Laissez cuire 3 à 5 minutes, en remuant régulièrement, jusqu'à ce que le riz soit translucide. Versez le bouillon et portez à ébullition. Baissez le feu, couvrez et laissez mijoter 15 minutes.

3 Préchauffez un gril à feu vif. Enfilez les dés de poulet sur les brochettes et faites-les griller 4 à 5 minutes de chaque côté, jusqu'à ce que la viande soit cuite à l'intérieur.

4 Mettez les épinards dans une poêle et versez un peu d'eau au fond. Faites-les cuire 1 à 2 minutes jusqu'à ce qu'ils flétrissent. Égouttez bien. Servez les épinards et les brochettes sur un lit de riz.

Pains turcs à l'agneau

Pour 4 personnes

3 c. s. de jus de citron
1 c. c. de cumin moulu
1 c. s. d'huile d'olive
4 tranches d'agneau dans le filet
1 tête d'ail
100 g de pois chiches en boîte égouttés
1 c. s. de yaourt nature allégé
4 pains pide (pain turc) de 100 g
4 tomates coupées en rondelles
quelques feuilles de roquette

1 Mélangez 1 cuillerée à soupe de jus de citron, le cumin et l'huile d'olive dans un petit saladier. Salez et poivrez. Ajoutez les tranches d'agneau et laissez mariner au moins 1 heure.

2 Préchauffez le four à 210 °C. Enrobez la tête d'ail dans une feuille de papier sulfurisé et mettez-la au four pendant 20 minutes, jusqu'à ce qu'elle soit tendre. Laissez refroidir, puis écrasez les gousses d'ail pour en extraire la pulpe. Mixez la pulpe de l'ail, les pois chiches, le reste de jus de citron et le yaourt, en ajoutant un peu d'eau si nécessaire, jusqu'à obtention d'une purée onctueuse. Salez et poivrez.

3 Faites griller l'agneau 3 minutes de chaque côté sur un gril préchauffé. Faites ensuite griller les pains, puis coupez-les en deux. Nappez quatre moitiés de pain d'une couche de purée de pois chiches, puis garnissez d'une tranche d'agneau, de rondelles de tomates et de feuilles de roquette. Posez dessus les autres moitiés de pain et servez aussitôt.

Poulpes grillés

Pour 4 personnes

1,5 kg de petits poulpes nettoyés
250 ml de sauce aux piments doux
80 ml de jus de citron vert
80 ml de nuoc-mâm
60 de cassonade
huile végétale
200 g de feuilles de salade mélangée
2 citrons verts coupés en quatre

1 Mélangez dans un bol la sauce aux piments doux, le jus de citron, le nuoc-mâm et la cassonade.

2 Badigeonnez un gril avec un peu d'huile et faites-le chauffer à feu vif. Quand l'huile est très chaude, faites griller les poulpes 3 à 4 minutes en les retournant régulièrement, jusqu'à ce qu'ils changent de couleur. Pendant la cuisson, badigeonnez-les avec un quart de la sauce préparée. Servez aussitôt sur un lit de salade en arrosant avec le reste de sauce. Garnissez de quartiers de citrons verts.

PRATIQUE Demandez à votre poissonnier de nettoyer les poulpes. Choisissez de préférence de très petits poulpes, plus tendres et qui se prêtent mieux à une cuisson rapide.

Cuisson au four

Polenta aux champignons, aux épinards et aux tomates

Pour 4 personnes

4 tomates coupées en deux
4 gros champignons de Paris sans les pieds
80 ml d'huile aromatisée à l'ail
900 ml de bouillon de légumes
175 g de polenta instantanée
150 g de fromage de chèvre émietté
80 g de parmesan râpé
300 g de pousses d'épinards

1 Préchauffez le four à 200 °C. Mettez les tomates et les champignons dans deux plats séparés, badigeonnez-les avec la moitié de l'huile aromatisée à l'ail.

2 Disposez les tomates en une seule couche dans un plat allant au four et faites-les cuire 20 minutes. Pendant ce temps, portez à ébullition le bouillon de légumes, puis versez progressivement la polenta, en remuant, jusqu'à obtention d'un mélange crémeux. Incorporez le fromage de chèvre et 50 g de parmesan. Retirez du feu et réservez au chaud.

3 Faites chauffer 1 cuillerée à soupe d'huile aromatisée dans une poêle et faites cuire les champignons 3 à 4 minutes, en les retournant à mi-cuisson. Retirez-les de la poêle, mettez-y les épinards et faites-les cuire 3 à 4 minutes jusqu'à ce qu'ils commencent à se flétrir. Dressez un quart de la polenta sur chaque assiette, recouvrez d'une couche d'épinards, puis ajoutez 1 champignon et 2 moitiés de tomate. Saupoudrez le parmesan râpé restant et servez aussitôt.

ASTUCE On trouve de l'huile aromatisée à l'ail dans les grandes surfaces, mais vous pouvez la préparer vous-même : faites mariner 1 gousse d'ail écrasée pendant 2 heures dans de l'huile d'olive, puis passez celle-ci avant utilisation.

Tarte aux épinards

Pour 4 personnes

450 g d'épinards décongelés
1 feuille de pâte brisée
3 gousses d'ail finement hachées
150 g d'haloumi (fromage à base de lait de brebis et de chèvre) râpé
120 g de feta émiettée
1 c. s. de tiges d'origan
2 œufs
60 ml de crème fraîche

1 Préchauffez le four à 200 °C. Pressez les épinards dans une passoire pour éliminer l'excédent d'eau.

2 Étalez la pâte sur une feuille de cuisson et disposez les épinards au centre, en laissant 3 cm sur les bords. Ajoutez l'ail, la feta et l'haloumi. Saupoudrez d'origan, salez et poivrez. Rabattez les bords sur la garniture.

3 Battez légèrement les œufs avec la crème et versez délicatement ce mélange sur les épinards. Enfournez la tarte et laissez cuire 25 à 30 minutes, jusqu'à ce que la pâte soit bien dorée et que la garniture soit cuite. Servez avec des quartiers de citron et une salade verte.

Tourtes aux champignons

Pour 4 personnes

100 ml d'huile d'olive
1 poireau coupé en rondelles fines
1 gousse d'ail pilée
1 kg de champignons de Paris coupés en gros morceaux
1 c. c. de thym frais haché
300 ml de crème fraîche
1 feuille de pâte feuilletée
1 jaune d'œuf battu

1 Préchauffez le four à 180 °C. Faites chauffer 1 cuillerée d'huile dans une poêle à feu moyen et faites fondre le poireau avec l'ail pendant 5 minutes jusqu'à ce qu'il devienne translucide. Mettez le tout dans une casserole.

2 Faites chauffer le reste d'huile dans une poêle à feu vif et faites cuire les champignons 5 à 7 minutes en remuant, jusqu'à ce que qu'ils soient tendres. Mélangez-les aux poireaux et ajoutez le thym.

3 Versez la crème dans la casserole et faites chauffer à feu vif, jusqu'à obtention d'un mélange homogène. Laissez cuire 7 à 8 minutes jusqu'à épaississement. Retirez du feu et assaisonnez.

4 Versez cette préparation dans 4 ramequins résistants à la chaleur. Dans la feuille de pâte, découpez des disques d'une surface légèrement supérieure à celle des ramequins. Badigeonnez la garniture des ramequins avec un peu de jaune d'œuf, puis recouvrez avec les disques de pâte en pressant bien sur les bords. Badigeonnez la pâte feuilletée avec le reste d'œuf. Enfournez les ramequins et laissez cuire 20 à 25 minutes jusqu'à ce que les tourtes soient bien dorées. Servez avec une salade.

Carrés d'agneau aux pommes de terre persillées

Pour 4 personnes

2 carrés d'agneau (6 côtes par carré)
60 ml d'huile
160 g de chapelure
3 gousses d'ail pilées
1 c. c. de zeste de citron
10 g de persil plat frais haché
2 c. s. de moutarde à l'estragon
150 g de beurre doux ramolli
400 g de petites pommes de terre nouvelles

1 Préchauffez le four à 220 °C. Dégraissez la surface des carrés d'agneau avec un couteau bien aiguisé, puis badigeonnez d'huile. Salez et poivrez. Faites chauffer le reste d'huile dans une poêle et faites dorer l'agneau quelques minutes. Retirez-le de la poêle.

2 Mélangez la chapelure, l'ail, le zeste de citron et les trois quarts du persil dans un petit saladier. Ajoutez la moutarde et 100 g de beurre et mélangez bien jusqu'à obtention d'une pâte homogène. Étalez cette préparation sur les carrés d'agneau, puis faites rôtir 25 minutes au four jusqu'à ce que la chapelure brunisse et que la viande soit cuite à votre convenance. Recouvrez si nécessaire la viande avec une feuille de papier sulfurisé pour éviter qu'elle ne brûle.

3 Pendant que la viande cuit, mélangez les pommes de terre et le reste de beurre, assaisonnez et mettez le tout dans un plat à gratin. Enfournez et laissez cuire 20 minutes jusqu'à ce que les pommes de terre brunissent. Retirez du feu, parsemez de persil, salez et poivrez. Coupez chaque carré en deux et servez avec les pommes de terre. Présentez le jus de cuisson dans une saucière et accompagnez d'une salade verte.

Cannelloni aux légumes

Pour 4 personnes

60 g de beurre
1 gros poireau en rondelles épaisses
200 g d'aubergines en tranches épaisses
200 g de patates douces en tranches épaisses
1 c. s. d'huile d'olive
125 g de cheddar râpé
40 g de farine
1 l de lait
6 feuilles de lasagne fraîche

1 Huilez un gril en fonte et faites griller les tranches d'aubergines jusqu'à ce qu'elles soient dorées en surface et tendres à l'intérieur. Faites cuire les patates douces dans un grand volume d'eau bouillante salée, puis faites-les rôtir quelques minutes sur le gril. Laissez tiédir, puis coupez les tranches d'aubergine et de patate douce en cubes de 1 cm. Mettez dans un grand saladier et arrosez d'un filet d'huile d'olive.

2 Préchauffez le four à 200 °C et graissez un plat rectangulaire. Faites fondre 20 g de beurre dans une casserole, ajoutez le poireau et laissez cuire 8 minutes à feu moyen en remuant sans cesse. Mettez ensuite le poireau dans le saladier avec les patates douces et les aubergines. Ajoutez 40 g de cheddar et mélangez.

3 Faites fondre le reste de beurre à feu moyen dans une casserole, incorporez la farine et faites cuire 1 minute en remuant sans cesse, jusqu'à ce que le mélange commence à mousser. Retirez du feu et versez le lait graduellement. Remettez sur le feu et laissez bouillir sans cesser de remuer, jusqu'à épaississement. Baissez le feu et laissez mijoter 2 minutes. Salez et poivrez. Versez 375 ml de cette sauce sur les légumes et mélangez.

4 Coupez les feuilles de lasagne en deux dans la largeur. Disposez un peu de légumes au centre de chaque rectangle puis roulez pour enfermer la garniture. Vous devez obtenir 12 rouleaux.

5 Disposez les rouleaux dans le plat à gratin et nappez de sauce blanche jusqu'à ce qu'ils soient complètement recouverts. Parsemez du reste de cheddar, enfournez et faites gratiner 20 minutes jusqu'à ce que le fromage soit bien doré.

Chili con carne

Pour 4 personnes

1 c. s. d'huile végétale
1 gros oignon rouge émincé
2 gousses d'ail pilées
2 c. c. de piment en poudre
1 c. c. d'origan moulu
2 c. c. de cumin moulu
500 g de viande de bœuf hachée
2 × 400 g de tomates en boîte coupées grossièrement
420 g de haricots rouges en boîte rincés et égouttés
8 tortillas

1 Préchauffez le four à 180 °C. Faites chauffer l'huile dans une grande casserole et faites revenir l'oignon et l'ail 2 à 3 minutes en remuant, jusqu'à ce que l'oignon soit tendre. Ajoutez le piment, l'origan et le cumin et mélangez. Ajoutez la viande hachée et faites-la cuire 5 minutes en l'écrasant avec une cuillère en bois pour bien l'émietter.

2 Ajoutez les tomates, les haricots et 125 ml d'eau, puis laissez mijoter 30 minutes jusqu'à épaississement. Salez et poivrez.

3 Mettez les tortillas dans des feuilles de papier sulfurisé et faites-les cuire au four en suivant les instructions figurant sur l'emballage. Garnissez les tortillas de chili et formez des rouleaux. Servez avec un peu de crème fraîche et accompagnez d'une salade verte.

PRATIQUE La dose de piment mentionnée dans cette recette n'est qu'indicative. Adaptez les quantités en fonction de vos goûts et de la qualité des épices utilisées.

Poulet à la moutarde et à l'estragon

Pour 4 personnes

60 ml d'huile d'olive
4 blancs de poulet coupés en quatre
1 oignon émincé
1 poireau coupé en rondelles
1 gousse d'ail finement hachée
350 g de champignons de Paris émincés
1/2 c. c. d'estragon déshydraté
375 ml de bouillon de poule
185 ml de crème fraîche
2 c. c. de jus de citron
2 c. c. de moutarde de Dijon

1 Préchauffez le four à 180 °C. Faites chauffer 1 cuillerée d'huile dans une cocotte et faites revenir le poulet jusqu'à ce qu'il soit doré. Retirez-le de la cocotte et réservez.

2 Ajoutez le reste d'huile dans la cocotte et faites cuire l'oignon, le poireau et l'ail pendant 5 minutes à feu moyen, jusqu'à ce qu'ils soient tendres. Ajoutez les champignons et laissez cuire 5 à 7 minutes, jusqu'à ce qu'ils soient tendres. Ajoutez l'estragon, le bouillon de poule, la crème fraîche, le jus de citron et la moutarde. Portez à ébullition et laissez cuire 2 minutes. Remettez le poulet dans la cocotte, salez et poivrez généreusement, puis couvrez.

3 Enfournez et laissez cuire 1 heure jusqu'à ce que la sauce ait réduit de moitié. Servez avec des pommes de terre vapeur et une salade verte.

Carré de porc aux figues

Pour 4 personnes

300 g de figues coupées en quatre
80 ml de marsala
2 c. s. de moutarde de Dijon
125 ml de bouillon de poule
1,5 kg de carré de porc
120 ml d'huile végétale
1 gros oignon rouge émincé
18 feuilles de sauge fraîche
300 g de haricots verts équeutés

1 Préchauffez le four à 240 °C. Mélangez le bouillon, le marsala et la moutarde, et faites tremper les figues 30 minutes dans cette sauce.

2 Avec un couteau bien aiguisé, retirez le maximum de couenne et de graisse sur le carré de porc, puis badigeonnez-le avec 2 cuillerées à soupe d'huile. Mettez-le dans un grand plat en terre, enfournez et laissez cuire 15 minutes à 240 °C, puis baissez le thermostat à 200 °C. Ajoutez l'oignon et prolongez la cuisson pendant 40 minutes. Incorporez alors les figues marinées avec leur sauce et laissez cuire entre 30 et 40 minutes, jusqu'à ce que le porc soit bien cuit.

3 Pendant ce temps, faites chauffer le reste d'huile à feu vif dans une casserole. Quand l'huile est chaude, ajoutez les feuilles de sauge et laissez-les cuire 30 secondes jusqu'à ce qu'elles soient croustillantes. Retirez avec une écumoire et égouttez sur du papier absorbant.

4 Sortez la viande du four. Retirez-la du plat de cuisson avec les oignons et dégraissez la sauce. Grattez le fond du plat avec une cuillère en bois et faites épaissir la sauce en la laissant réduire 5 minutes au four.

5 Faites cuire les haricots verts 4 minutes dans de l'eau bouillante salée. Rincez, égouttez et réservez au chaud. Coupez le carré de porc en tranches et répartissez-les sur les assiettes de service. Nappez de sauce et décorez avec les feuilles de sauge. Servez avec l'oignon et les haricots verts. Accompagnez d'une purée de pommes de terre.

Tartelettes au potiron

Pour 6 personnes

6 carrés de pâte feuilletée
1,2 kg de potiron coupé grossièrement
6 c. s. de crème fraîche
sauce aux piments doux

1 Préchauffez le four à 200 °C et graissez légèrement 6 moules à tartelettes. Découpez six disques dans la pâte et disposez-les dans les moules. Piquez la pâte avec une fourchette, puis couvrez le fond de papier sulfurisé et ajoutez du riz ou des haricots secs pour empêcher la pâte de gonfler à la cuisson. Enfournez et laissez cuire 15 à 20 minutes, jusqu'à ce que la pâte soit bien dorée. Laisser refroidir. Retirez le riz ou les haricots et le papier sulfurisé.

2 Faites cuire le potiron à la vapeur pendant 15 minutes, jusqu'à ce qu'il soit juste tendre.

3 Mettez 1 cuillerée à soupe de crème dans chaque tartelette, ajoutez plusieurs morceaux de potiron, salez et poivrez. Arrosez de sauce aux piments doux et remettez les tartelettes au four 5 minutes. Laissez reposer 5 minutes, démoulez et servez aussitôt.

Poisson au basilic en papillotes

Pour 4 personnes

30 g de feuilles de basilic fraîches hachées
2 grosses gousses d'ail hachées
1 c. s. de jus de citron
1 c. c. de zeste de citron
60 ml d'huile d'olive
4 filets de cabillaud ou de poisson à chair blanche (sans la peau)
500 g de petites pommes de terre nouvelles
20 asperges vertes
12 petites courges jaunes

1 Préchauffez le four à 200 °C. Mélangez dans un bol le basilic, l'ail, le jus de citron, le zeste de citron et 2 cuillerées à soupe d'huile d'olive. Salez et poivrez.

2 Placez chaque filet de poisson sur une grande feuille de papier sulfurisé. Salez et poivrez. Nappez chaque filet de 2 cuillerées à café de sauce au basilic. Refermez les papillotes et disposez-les sur un plat au réfrigérateur.

3 Faites cuire les pommes de terre 20 minutes dans une casserole d'eau bouillante, jusqu'à ce qu'elles soient tendres. Égouttez et réservez au chaud. Badigeonnez les asperges et les courges avec le reste d'huile d'olive. Disposez-les en une seule couche sur la grille du four, salez et poivrez et faites cuire 8 à 10 minutes au four, jusqu'à ce qu'elles soient tendres et dorées.

4 Enfournez les papillotes et laissez cuire 5 à 7 minutes. Pour contrôler la cuisson, ouvrez une papillote et piquez le poisson avec une fourchette : il est cuit quand sa chair s'émiette. Ouvrez les papillotes et servez-les avec les légumes.

Rôti de bœuf à la moutarde

Pour 4 personnes

16 échalotes
125 g de moutarde à l'ancienne
3 gousses d'ail pilées
1 rôti de bœuf de 1,5 kg
200 g de navets coupés en cubes de 2 cm
400 g de pommes de terre coupées en quartiers
200 g de patates douces coupées en quartiers
80 ml d'huile d'olive

1 Préchauffez le four à 200 °C. Pelez 4 échalotes, émincez-les et disposez les rondelles au centre d'un grand plat à gratin.

2 Mélangez la moutarde et l'ail, salez et poivrez généreusement. Frottez le bœuf avec ce mélange puis mettez la viande dans le plat, sur les échalotes. Mélangez les navets, les pommes de terre, les patates douces et le reste des échalotes, non épluchées, avec 60 ml d'huile d'olive, puis disposez le tout autour du bœuf. Arrosez la viande avec le reste d'huile et enfournez. Faites rôtir 25 à 30 minutes.

3 Retournez les légumes et laissez cuire encore 15 minutes (un peu plus si vous préférez une viande à point). Sortez la viande du four, couvrez avec une feuille de papier sulfurisé et laissez reposer 10 minutes.

4 Découpez la viande en tranches épaisses, arrosez de jus de cuisson et servez avec les légumes grillés. Accompagnez d'une salade verte et de pommes vapeur.

PRATIQUE Voici quelques conseils pour réussir la cuisson d'un rôti de bœuf. Pour une viande saignante, comptez 12 minutes pour 500 g (contre 15 minutes pour une viande à point). Mais sachez qu'un rôti long et fin exige un temps de cuisson plus court, de même que les pièces de viande avec os.

Agneau rôti à la marocaine

Pour 4 personnes

2 c. s. d'huile d'olive
3 c. c. de cumin moulu
3 c. c. de coriandre moulue
3 c. c. de paprika doux
3 gousses d'ail pilées
1 gigot d'agneau de 1,5 kg
245 g de semoule de couscous
2 c. s. de menthe fraîche hachée

1 Préchauffez le four à 180 °C. Mélangez l'huile, les épices et 2 gousses d'ail jusqu'à obtention d'une pâte homogène. Salez, poivrez et badigeonnez l'agneau avec cette pâte. Mettez la viande dans un grand plat et faites-la cuire 1 h 15 au four, en la retournant de temps en temps. Quand elle est cuite, sortez-la du four, couvrez-la avec une feuille de papier sulfurisé et laissez reposer 5 à 10 minutes avant de la découper.

2 Pendant ce temps, mettez le couscous dans un récipient résistant à la chaleur et versez 500 ml d'eau bouillante. Incorporez la menthe, le reste d'ail et 1/2 cuillerée à café de sel. Couvrez et laissez reposer jusqu'à ce que tout le liquide soit absorbé. Aérez la graine avec une fourchette.

3 Servez les tranches d'agneau sur un lit de couscous. Présentez le jus de cuisson dans une saucière.

Pain de ricotta à la ratatouille

Pour 8 personnes

1,5 kg de ricotta bien égouttée
4 œufs légèrement battus
3 gousses d'ail finement hachées
2 c. s. de thym frais finement haché
80 ml d'huile d'olive
300 g d'aubergines coupées en dés
1 poivron vert coupé en dés
1 poivron jaune coupé en dés
1 poivron rouge coupé en dés
425 g de tomates en boîte écrasées

1 Préchauffez le four à 180 °C. Mélangez dans un saladier la ricotta, les œufs, 1 gousse d'ail hachée et 1 cuillère à soupe de thym. Salez et poivrez. Transférez ce mélange dans un moule rond préalablement graissé, enfournez et laissez cuire 1 h 30, jusqu'à ce que la ricotta soit dorée et bien ferme. Laissez refroidir en appuyant de temps en temps pour éliminer les bulles d'air qui ont pu se former pendant la cuisson.

2 Faites chauffer 2 cuillerées à soupe d'huile dans une poêle et faites cuire l'aubergine 4 à 5 minutes jusqu'à ce qu'elle soit dorée. Incorporez les poivrons et le reste d'ail et laissez cuire 5 minutes, en rajoutant de l'huile si nécessaire. Ajoutez les tomates et le reste de thym et prolongez la cuisson jusqu'à ce que les légumes soient tendres. Salez et poivrez.

3 Démoulez la ricotta et coupez-la en parts égales. Servez avec un peu de ratatouille et décorez de branches de thym frais.

ASTUCE Cette recette peut se préparer à l'avance. Réchauffez la ratatouille au dernier moment ou servez-la froide, arrosée d'un filet de vinaigre balsamique. Idéal pour un déjeuner d'été.

Côtes de veau aux oignons rouges et aux tomates cerises

Pour 4 personnes

2 c. s. d'huile d'olive
4 côtes de veau
4 gousses d'ail non pelées
1 oignon rouge coupé en quartiers
1 c. s. de romarin frais haché
500 g de tomates cerises
60 ml de vinaigre balsamique
2 c. c. de cassonade
2 c. s. de persil plat frais haché

1 Préchauffez le four à 200 °C. Faites chauffer l'huile à feu moyen dans une grande poêle et faites dorer les côtes de veau 4 minutes de chaque côté.

2 Disposez les côtelettes en une seule couche dans un grand plat en terre. Ajoutez l'ail, l'oignon, le romarin, les tomates, le vinaigre et la cassonade. Salez et poivrez généreusement.

3 Couvrez avec une feuille de papier aluminium, enfournez et laissez cuire 15 minutes. Découvrez et poursuivez la cuisson 10 à 15 minutes, en fonction de l'épaisseur des côtelettes.

4 Dressez les côtes de veau sur les assiettes de service, garnissez de tomates, d'oignon et d'ail, nappez de jus de cuisson. Saupoudrez de persil haché. Accompagnez d'une purée de pommes de terre à l'ail.

Gratin de fusilli aux brocolis et au poulet

Pour 6 personnes

300 g de fusilli (pâtes torsadées)
425 g de velouté de champignons en boîte
2 œufs
185 g de mayonnaise
1 c. s. de moutarde de Dijon
210 g de cheddar râpé
600 g de blancs de poulet coupés en fines tranches
400 g de bouquets de brocolis
40 g de chapelure

1 Préchauffez le four à 180 °C. Faites cuire les fusilli dans un grand volume d'eau bouillante salée, égouttez-les et remettez-les dans la casserole. Faites cuire les brocolis dans un grand volume d'eau bouillante salée jusqu'à ce qu'ils soient tendres.

2 Mélangez dans un saladier le velouté de champignons, les œufs, la mayonnaise, la moutarde et la moitié du fromage.

3 Faites chauffer une poêle antiadhésive à feu moyen et faites cuire le poulet 5 à 6 minutes, en remuant. Salez, poivrez.

4 Incorporez aux pâtes le poulet et les brocolis, versez la sauce aux champignons et mélangez délicatement. Transférez la préparation dans un grand plat à gratin graissé. Parsemez de chapelure et du reste de fromage. Faites cuire 20 minutes, jusqu'à ce que la surface soit bien dorée.

Rôti de bœuf au poivre

Pour 4 personnes

1 kg de rôti de bœuf
2 c. s. de poivre noir frais concassé
1 gros oignon rouge
4 grosses pommes de terre
50 g de beurre
60 ml de bouillon de bœuf
60 ml de vin rouge
500 g de haricots verts et de haricots jaunes mélangés

1 Préchauffez le four à 180 °C. Poivrez la viande sur toutes les faces.

2 Coupez les pommes de terre et l'oignon en rondelles de 5 mm d'épaisseur et mettez-les dans un plat allant au four. Posez le bœuf dessus. Coupez 40 g de beurre en petits dés et déposez-les sur la viande et sur les pommes de terre. Versez le vin et le bouillon, enfournez et laissez cuire 25 à 30 minutes selon la cuisson désirée.

3 Pendant ce temps, portez à ébullition un grand volume d'eau légèrement salée et faites cuire les haricots 2 à 4 minutes jusqu'à ce qu'ils soient juste tendres. Égouttez et ajoutez le reste de beurre, puis mélangez délicatement. Réservez au chaud jusqu'au moment de servir.

4 Déposez sur chaque assiette un lit de pomme de terre et d'oignon, recouvrez d'une belle tranche de bœuf et arrosez avec le jus de cuisson. Proposez les haricots à part.

Parmentier d'agneau

Pour 4 personnes

2 c. s. d'huile végétale
1 gros oignon émincé
1 carotte coupée en petits dés
8 gousses d'ail pelées
750 g de viande maigre d'agneau hachée
375 ml de sauce tomate
300 ml de bouillon de bœuf
800 g de pommes de terre coupées en morceaux
30 g de beurre

1 Faites chauffer l'huile dans une grande poêle et faites revenir l'oignon et la carotte pendant 5 minutes, jusqu'à ce qu'ils soient tendres. Écrasez 2 gousses d'ail et ajoutez-les dans la poêle. Laissez cuire 1 minute. Ajoutez la viande hachée et faites-la cuire 5 minutes en l'écrasant avec une cuillère en bois pour bien l'émietter. Incorporez la sauce tomate et 250 ml de bouillon. Baissez le feu, couvrez et laissez mijoter 25 minutes. Retirez le couvercle et laissez mijoter 20 minutes de plus, jusqu'à épaississement de la sauce. Préchauffez le four à 200 °C.

2 Pendant ce temps, faites cuire les pommes de terre et le reste d'ail dans une casserole d'eau bouillante jusqu'à ce que les pommes de terre soient tendres. Égouttez bien les pommes de terre et l'ail, puis remettez-les dans la casserole. Ajoutez le beurre et le reste de bouillon, puis écrasez le tout à la fourchette jusqu'à obtention d'une purée homogène. Salez et poivrez.

3 Versez la préparation à la viande dans un plat à gratin et recouvrez avec la purée. Décorez la surface avec les dents d'une fourchette, puis enfournez et laissez cuire 40 minutes jusqu'à ce que le dessus soit doré. Servez avec une salade verte.

ASTUCE Vous pouvez préparer la viande en sauce la veille, puis la faire réchauffer à feu doux pendant que les pommes de terre cuisent.

Pizza aux artichauts et aux olives

Pour 4 personnes

1 pâte à pizza de 25 cm de diamètre
80 ml de sauce tomate
150 d'artichauts marinés
70 g d'olives noires dénoyautées
1 gousse d'ail émincée
50 g de fromage de chèvre émietté
huile d'olive
2 c. s. d'origan frais haché

1 Préchauffez le four à 220 °C. Étalez la pâte à pizza sur la plaque du four, nappez de sauce tomate et parsemez de morceaux d'artichauts, d'olives et d'ail. Terminez par le fromage de chèvre émietté.

2 Arrosez d'huile d'olive et enfournez. Laissez cuire 20 minutes jusqu'à ce que la pizza soit bien dorée. Saupoudrez d'origan frais, salez et poivrez. Servez aussitôt.

Boulettes d'agneau au curry

Pour 4 personnes

250 g de riz au jasmin
1 kg de viande d'agneau hachée
1 œuf légèrement battu
2 oignons émincés
120 g de pâte de curry
4 c. s. de feuilles de coriandre fraîche hachées
2 gousses d'ail pilées
2 c. c. d'huile végétale
400 g de tomates en boîte coupées en dés

1 Préchauffez le four à 220 °C et graissez le plateau du four. Mélangez la viande, l'œuf, 1 oignon, 2 cuillerées à soupe de pâte de curry, 3 cuillerées à soupe de coriandre et 1 gousse d'ail. Salez et poivrez, puis formez des boulettes de la taille d'un œuf de caille.

2 Faites chauffer 1 cuillerée à soupe d'huile dans une grande poêle et faites dorer les boulettes. Disposez-les sur le plateau du four et poursuivez la cuisson pendant 5 à 7 minutes, jusqu'à ce qu'elles soient cuites à l'intérieur.

3 Faites chauffer le reste d'huile dans une autre poêle. Ajoutez l'oignon et l'ail restants et faites-les revenir 3 minutes jusqu'à ce que l'oignon soit tendre. Incorporez le reste de pâte de curry et laissez cuire 1 minute, puis ajoutez les tomates et 250 ml d'eau. Portez à ébullition, puis laissez mijoter 10 minutes jusqu'à épaississement. Portez à ébullition un grand volume d'eau, faites cuire le riz 12 minutes, puis égouttez-le bien. Réservez au chaud.

4 Salez et poivrez la sauce. Ajoutez les boulettes de viande et laissez mijoter 5 minutes jusqu'à ce qu'elles soient bien chaudes. Servez avec le riz et parsemez de coriandre.

Poulet à la mexicaine

Pour 4 personnes

165 g de riz rond
300 g de haricots rouges en boîte rincés et égouttés
4 c. s. de feuilles de coriandre fraîche hachées
1 c. s. d'huile végétale
600 g de blancs de poulet (sans la peau)
2 × 200 g de sauce tomate épicée
250 g de cheddar râpé
125 g de crème fraîche

1 Préchauffez le four à 180 °C et graissez une cocotte ronde allant au four. Portez à ébullition un grand volume d'eau et faites cuire le riz 12 minutes, en remuant de temps en temps, puis égouttez-le bien.

2 Mélangez les haricots et 2 cuillerées à soupe de feuilles de coriandre dans la cocotte, puis ajoutez le riz en appuyant délicatement pour tasser le tout.

3 Faites chauffer l'huile dans une grande poêle et faites revenir les blancs de poulet 3 minutes sur une face. Retournez-les et ajoutez la sauce piquante. Laissez-les cuire 3 minutes.

4 Étalez la moitié du cheddar râpé sur le riz aux haricots, disposez les blancs de poulet en étoile dessus, ajoutez 1 cuillerée à soupe de coriandre et le reste de cheddar. Couvrez avec une feuille d'aluminium.

5 Enfournez et laissez cuire 30 minutes, puis retirez la feuille d'alumium et prolongez la cuisson pendant 5 minutes, jusqu'à ce que le cheddar soit bien doré. Au moment de servir, parsemez avec le reste de coriandre et proposez avec un peu de crème fraîche.

Porc farci aux pommes et aux noix

Pour 4 personnes

50 g de noix
1 pomme verte pelée et épépinée
1/2 c. c. de cannelle moulue
2 c. s. de porto rouge
1,5 kg de longe de porc
100 ml de sirop d'érable
8 navets en tranches fines
500 g de mini-carottes
2 c. s. d'huile végétale

1 Préchauffez le four à 200 °C et graissez un plat en terre. Disposez les noix en une seule couche sur le plateau du four et faites-les griller 2 à 3 minutes jusqu'à ce qu'elles soient légèrement dorées.

2 Râpez grossièrement la pomme et mélangez-la avec la cannelle, les noix et le porto. Salez et poivrez. Étalez bien la longe de porc, aplatissez-la légèrement avec un maillet à viande, puis enduisez-la uniformément du mélange aux pommes et aux noix. Roulez la viande pour enfermer la garniture, maintenez-la avec une ficelle, mettez-la dans le plat en terre et enfournez. Laissez cuire 20 minutes, puis réduisez la température du four à 180 °C. Badigeonnez la viande de sirop d'érable et poursuivez la cuisson pendant 30 minutes.

3 Mélangez les navets, les carottes et l'huile dans un grand saladier. Salez et poivrez. Mettez les légumes dans le plat de viande et laissez cuire 30 à 35 minutes, jusqu'à ce qu'ils soient dorés et tendres. Retirez le porc du plat, couvrez avec du papier du papier sulfurisé et laissez reposer 10 minutes avant de découper. Servez avec les légumes et arrosez de jus de cuisson.

Darnes d'espadon sauce piquante

Pour 4 personnes

4 darnes d'espadon de 2,5 cm d'épaisseur
250 g de riz long grain
2 c. s. d'huile végétale
1 c. c. de graines de coriandre écrasées
1 c. s. de graines de moutarde noire
1 1/2 c. s. de sambal oelek
(voir page 154)
400 g de tomates en boîte coupées en dés
1 c. c. de garam masala (voir page 94)
300 g de pousses d'épinards

1 Préchauffez le four à 180 °C. Portez à ébullition un grand volume d'eau et faites cuire le riz 12 minutes, en remuant de temps en temps, puis égouttez-le bien.

2 Pendant ce temps, faites chauffer 1 cuillerée à soupe d'huile dans une casserole et faites sauter les graines de coriandre et les graines de moutarde. Incorporez le sambal œlek, les tomates et le garam masala, puis portez à ébullition. Baissez le feu, couvrez et laissez mijoter 6 à 8 minutes, jusqu'à épaississement de la sauce.

3 Faites chauffer le reste d'huile dans une grande poêle antiadhésive et faites cuire les darnes 1 minute de chaque côté jusqu'à ce qu'elles soient juste dorées. Transférez dans un plat en terre, nappez de sauce et laissez cuire 10 minutes au four.

4 Pendant ce temps, nettoyez les épinards, mettez-les dans une casserole, ajoutez un peu d'eau et faites cuire 1 minute, jusqu'à ce que les feuilles soient juste flétries. Servez les darnes d'espadon avec le riz et les épinards.

Bruschette au chèvre et aux champignons

Pour 4 personnes

80 g de beurre
4 gousses d'ail pilées
20 g de persil plat frais haché
4 gros champignons de Paris, sans les pieds
4 belles tranches de pain de campagne
2 c. s. d'huile d'olive
150 g de fromage de chèvre
40 g de pousses de roquette

1 Préchauffez le four à 180 °C. Faites fondre le beurre dans une casserole, ajoutez l'ail et le persil et laissez cuire 1 minute en remuant, jusqu'à obtention d'un mélange homogène. Versez cette préparation dans le chapeau des champignons. Mettez une feuille d'aluminium sur la grille du four et déposez les champignons dessus. Couvrez avec une feuille de papier sulfurisé et laissez-les cuire 20 minutes, jusqu'à ce qu'ils soient tendres.

2 Pendant que les champignons finissent de cuire, badigeonnez d'huile d'olive les tranches de pain et faites-les griller jusqu'à ce qu'elles soient dorées et croustillantes des deux côtés.

3 Étalez le fromage de chèvre sur le pain, puis ajoutez quelques feuilles de roquette. Coupez les champignons en deux et garnissez les bruschette. Poivrez et servez aussitôt.

Côtes d'agneau à la fondue de tomates

Pour 4 personnes

2 c. s. d'huile d'olive
1 gros oignon rouge émincé
8 côtes d'agneau
2 gousses d'ail pilées
1 kg de tomates bien mûres
125 ml de vin rouge
2 c. c. de romarin frais haché
150 g de polenta instantanée
50 g de beurre
50 g de parmesan râpé

1 Préchauffez le four à 160 °C. Faites tremper les tomates 1 minute dans un grand volume d'eau bouillante, puis rincez-les rapidement sous l'eau froide et retirez la peau. Coupez-les en deux, ôtez les pépins et coupez la chair en très petits dés.

2 Faites chauffer l'huile dans une cocotte et faites revenir l'oignon 3 à 4 minutes, jusqu'à ce qu'il soit tendre et translucide. Ajoutez la viande et laissez-la cuire 2 à 3 minutes jusqu'à ce qu'elle se colore. Incorporez l'ail, le vin et les tomates, portez à ébullition et laissez cuire 3 à 4 minutes. Ajoutez le romarin, salez et poivrez.

3 Couvrez, enfournez et laissez cuire 2 heures. Enlevez le couvercle, remettez au four et laissez mijoter 15 minutes, jusqu'à ce que la viande se détache de l'os. Pendant la cuisson, vérifiez régulièrement si la sauce n'attache pas (ajoutez un peu d'eau si nécessaire).

4 Portez 1 litre d'eau à ébullition, puis versez la polenta en remuant sans cesse. Baissez le feu et laissez mijoter 8 à 10 minutes, sans cesser de remuer, jusqu'à ce que la polenta se détache des bords. Ajoutez le beurre et le fromage. Au moment de servir, répartissez la polenta dans les assiettes, ajoutez la viande et nappez de sauce.

Côtes de porc à la provençale

Pour 4 personnes

4 côtes de porc dégraissées
2 c. s. d'huile d'olive
2 gousses d'ail émincées
1 c. s. de romarin frais haché
2 c. s. de thym frais
2 c. s. de vinaigre balsamique
4 tomates coupées en deux
1 gros poivron rouge en lanières de 2 cm
4 petites courgettes pelées et coupées en deux dans le sens de la longueur

1 Préchauffez le four à 220 °C et graissez légèrement un grand plat en terre. Étalez les côtes de porc dans le plat. Mélangez dans un saladier l'huile d'olive, l'ail, le romarin, le thym et 1 cuillerée à soupe de vinaigre balsamique, puis nappez la viande avec la moitié de cette sauce. Salez et poivrez. Couvrez et laissez mariner 20 minutes.

2 Mettez deux moitiés de tomate sur chaque côte de porc et arrosez avec le reste de vinaigre balsamique.

3 Ajoutez le poivron et les courgettes dans la marinade réservée, mélangez bien et disposez-les dans le plat autour de la viande. Enfournez et laissez cuire 45 minutes. Servez avec une salade verte.

Pommes de terre au four à la salsa de maïs

4 grosses pommes de terre
2 tomates épépinées et coupées en dés
125 g de grains de maïs en conserve
2 oignons nouveaux hachés
1 c. s. de jus de citron
1/2 c. c. de sucre
1 avocat coupé en dés
15 g de feuilles de coriandre fraîche hachées
1 c. s. de crème fraîche (facultatif)

1 Préchauffez le four à 210 °C. Piquez les pommes de terre avec une fourchette et faites-les cuire 1 heure sur la grille du four jusqu'à ce qu'elles soient tendres. Laissez reposer 2 minutes, faites une croix à la base de chaque pomme de terre et ouvrez-la délicatement.

2 Pendant que les pommes de terre cuisent, mélangez les tomates, le maïs, les oignons, le jus de citron et le sucre. Ajoutez les dés d'avocat et les feuilles de coriandre, salez et poivrez. Garnissez chaque pomme de terre de cette préparation et nappez de crème fraîche.

ASTUCE Vous pouvez aussi garnir ces pommes de terre avec du poulet. Faites bouillir 500 ml de bouillon de poule et faites cuire 2 blancs de poulet dedans pendant 5 minutes. Retirez du feu et laissez refroidir. Coupez la viande en dés. Mélangez-la avec 2 cuillerées à soupe de mayonnaise, 1 cuillerée à café de zeste de citron râpé et 1 cuillerée à soupe de câpres. Ajoutez 135 g de feuilles de roquette coupées en lanières avec 1 cuillerée à soupe d'huile d'olive, 1 cuillerée à soupe de vinaigre balsamique et 1 avocat coupé en tranches. Garnissez chaque pomme de terre de cette préparation.

Gratin de pâtes au jambon et au fromage

2 c. s. d'huile d'olive
1 oignon émincé
300 g de jambon blanc coupé en lanières de 5 cm de largeur
600 ml de crème fraîche
300 g de petits pois frais
375 g de conchiglioni (grosses pâtes en forme de coquilles)
250 ml de vieux cheddar râpé

1 Préchauffez le four à 200 °C et graissez un plat à gratin d'une contenance de 2,5 litres. Faites chauffer 1 cuillerée à soupe d'huile dans une poêle et faites revenir l'oignon 5 minutes, en remuant constamment, jusqu'à ce qu'il soit tendre. Ajoutez le reste d'huile et le jambon et laissez cuire 1 minute en remuant. Versez la crème et portez à ébullition, puis baissez le feu et faites mijoter 6 minutes jusqu'à épaississement. Ajoutez les petits pois et poursuivez la cuisson pendant 4 minutes. Poivrez.

2 Pendant ce temps, faites cuire les conchiglioni dans un grand volume d'eau bouillante salée. Égouttez les pâtes et remettez-les dans la casserole.

3 Versez la sauce sur les pâtes, ajoutez les trois quarts du fromage et mélangez. Rectifiez l'assaisonnement. Versez cette préparation dans le plat à gratin, recouvrez avec le reste du fromage et enfournez. Laissez gratiner 20 minutes jusqu'à ce que la surface soit dorée.

ASTUCE Les conchiglioni ont une forme creuse qui retient bien la sauce, mais vous pouvez les remplacer par d'autres pâtes courtes, comme les farfalle, les fusilli ou les macaroni.

Papillotes de poisson au gingembre et à la coriandre

Pour 4 personnes

60 g de beurre à température ambiante
1 c. s. de feuilles de coriandre fraîche hachées
2 c. s. de jus de citron vert
1 c. s. d'huile végétale
1 c. s. de sucre de palme râpé
4 piments rouges frais épépinés et hachés
4 filets de poisson blanc
1 citron vert coupé en fines rondelles
1 c. s. de gingembre frais finement haché

1 Malaxez le beurre et la coriandre, puis façonnez une bûchette avec cette préparation. Enveloppez-la dans du film alimentaire et laissez prendre au réfrigérateur.

2 Préchauffez le four à 200 °C. Mélangez le jus de citron vert, l'huile, le sucre de palme et le piment dans un petit saladier jusqu'à dissolution du sucre.

3 Graissez légèrement une feuille de papier d'aluminium, ajoutez un filet de poisson et nappez de sauce au citron. Parsemez de rondelles de citron vert et de gingembre râpé. Refermez soigneusement la papillote. Recommencez l'opération pour faire 4 papillotes.

4 Disposez les papillotes dans un plat en terre, enfournez et laissez cuire 8 à 10 minutes. Dressez les papillotes ouvertes sur les assiettes, garnissez de tranches de beurre à la coriandre et servez avec du riz à la vapeur et des légumes verts.

Potée de saucisses et de haricots

Pour 4 personnes

1 kg de saucisses épicées
2 gousses d'ail grossièrement hachées
800 g de gros haricots blancs en boîte
900 g de tomates en boîte écrasées
2 c. c. de moutarde de Dijon
2 c. s. de persil plat frais grossièrement haché

1 Préchauffez le four à 200 °C. Faites cuire les saucisses dans une grande poêle 5 à 7 minutes jusqu'à ce qu'elles soient dorées. Coupez-les en tronçons de 5 cm et mettez-les dans une cocotte. Ajoutez l'ail, les haricots, les tomates, la moutarde et 2 cuillerées à soupe d'eau. Poivrez. Remuez bien, couvrez et enfournez.

2 Faites cuire 25 minutes à couvert, puis retirez le couvercle et laissez cuire 10 à 15 minutes, jusqu'à ce que la surface soit gratinée. Répartissez les saucisses aux haricots dans les assiettes de service et garnissez de persil frais. Servez avec une salade frisée agrémentée de croûtons de pain frottés d'ail.

Gratin de légumes

Pour 4 personnes

400 g de pommes de terre en rondelles
60 g de beurre
2 c. c. de thym frais finement haché
400 g de potiron en fines tranches
300 g de courgettes en rondelles
250 ml de sauce tomate
50 g de parmesan râpé

1 Préchauffez le four à 170 °C et graissez un plat à gratin de 1,5 litres. Mélangez les pommes de terre avec un tiers du beurre et un tiers du thym. Salez et poivrez. Étalez les pommes de terre au fond du plat.

2 Mélangez le potiron avec un tiers du beurre et un tiers du thym. Salez et poivrez. Disposez les tranches de potiron sur les pommes de terre. Mélangez les courgettes avec le reste du beurre et le reste du thym, salez et poivrez, puis étalez les courgettes sur le potiron.

3 Nappez de sauce tomate et étalez dessus une feuille de papier sulfurisé graissée et découpée à la taille du plat. Enfournez et laissez cuire 45 minutes, puis retirez le papier sulfurisé et parsemez de parmesan râpé. Poursuivez la cuisson au four pendant 15 minutes, jusqu'à ce que le dessus soit bien gratiné. Servez avec une salade verte.

Cassolettes de poulet en croûte

Pour 4 personnes

60 g de beurre
1 poireau coupé en rondelles
4 blancs de poulet (200 g chacun)
50 g de farine
250 ml de bouillon de poule aux herbes
300 ml de crème fraîche
150 g de petits pois frais ébouillantés
1 feuille de pâte feuilletée

1 Faites fondre le beurre dans une casserole et faites cuire le poireau 2 à 3 minutes jusqu'à ce qu'il soit tendre. Ajoutez le poulet et faites-le cuire 10 minutes. Ajoutez la farine et prolongez la cuisson à feu moyen pendant 1 minute, en remuant bien, jusqu'à ce que le mélange commence à frémir. Versez alors le bouillon et laissez épaissir la sauce sur le feu. Ajoutez la crème (réservez-en 1 cuillerée à soupe) et prolongez la cuisson jusqu'à frémissement, puis incorporez les petits pois. Salez et poivrez. Retirez du feu. Préchauffez le four à 200 °C.

2 Répartissez la préparation dans 4 petites tourtières. Découpez 4 disques de pâte d'une surface un peu supérieure à celle de la tourtière et recouvrez-en cette dernière en scellant la pâte sur les bords. Badigeonnez la pâte avec la crème réservée et piquez la surface avec une fourchette pour permettre à la vapeur de s'évacuer. Placez les tourtières sur la plaque du four et faites cuire 20 à 25 minutes, jusqu'à ce que la pâte soit dorée. Sortez du four et laissez reposer 5 minutes avant de servir.

Douceurs

Fraises au vinaigre balsamique

Pour 4 personnes

750 g de fraises
60 g de sucre
2 c. s. de vinaigre balsamique
125 g de mascarpone

1 Nettoyez les fraises et équeutez-les. Coupez les plus grosses en deux.

2 Mettez les fraises dans un saladier, saupoudrez de sucre et mélangez bien. Laissez reposer 2 heures puis arrosez les fraises de vinaigre balsamique. Mélangez bien et laissez-les au réfrigérateur 30 minutes.

3 Répartissez les fraises dans 4 verres ou 4 coupelles, arrosez-les avec le sirop et nappez-les de mascarpone.

ASTUCE Évitez de préparer les fraises trop tôt car elles risquent de se gâter.

Panna cotta aux fruits de la passion

Pour 4 personnes

2 c. c. de gélatine en poudre
300 ml de lait de chèvre ou de lait de vache
300 ml de crème fraîche
2 c. s. de sucre
1 c. c. d'extrait de vanille

Coulis aux fruits de la passion
3 c. s. de sucre
90 g de pulpe de fruits de la passion frais

1 Graissez 4 ramequins d'une contenance de 150 ml. Mettez la gélatine et 2 cuillerées à soupe d'eau dans un bol. Placez ce bol dans un grand saladier d'eau chaude et mélangez bien jusqu'à dissolution de la gélatine.

2 Mélangez le lait, la crème et le sucre dans une casserole et faites chauffer à feu doux jusqu'à ce que le mélange frémisse. Retirez du feu et incorporez la gélatine dans cette préparation en battant. Laissez refroidir quelques minutes puis ajoutez l'extrait de vanille. Versez cette préparation dans les ramequins et faites réfrigérer 6 heures jusqu'à ce que la panna cotta soit ferme.

3 Préparez le coulis de fruits de la passion. Mettez le sucre et 125 ml d'eau dans une petite casserole et laissez chauffer 3 minutes à feu moyen en remuant, jusqu'à dissolution du sucre. Retirez du feu et incorporez la pulpe de fruits de la passion. Versez le coulis dans un récipient à couvercle hermétique et mettez au réfrigérateur jusqu'au moment de servir. Démoulez sur des assiettes en vous aidant d'un couteau. Nappez de coulis aux fruits de la passion et servez bien froid.

Moelleux au chocolat

Pour 8 personnes

100 g de cassonade
6 œufs
400 g de chocolat noir
1 c. s. de Grand Marnier
1 c. c. de cannelle moulue
300 ml de crème fraîche épaisse
crème fraîche, sucre glace et fraises pour décorer

1 Préchauffez le four à 180 °C. Graissez une feuille de papier sulfurisé et tapissez-en un moule à gâteau rond. Battez les œufs et la cassonade dans un saladier pendant 10 minutes jusqu'à obtention d'un mélange onctueux.

2 Coupez le chocolat en petits morceaux et mettez-les dans un récipient résistant à la chaleur. Faites-le fondre au bain-marie au-dessus d'une casserole d'eau frémissante (la base du récipient ne doit pas toucher l'eau). Mélangez le Grand Marnier, la cannelle et les œufs battus, puis versez cette crème sur le chocolat fondu. Ajoutez la crème et fouettez jusqu'à obtention d'une pâte souple et homogène.

3 Versez le mélange dans le moule préparé, enfournez et laissez cuire 1 heure. Pour savoir si le gâteau est cuit, enfoncez la pointe d'un couteau dedans : elle doit ressortir presque sèche. Laissez refroidir le gâteau, puis démoulez-le. Saupoudrez de sucre glace et servez avec de la crème fraîche et des fraises.

ASTUCE Vous pouvez également servir ce gâteau avec une crème anglaise ou un coulis de fruits rouges.

Crème glacée à la noix de coco et au citron vert

Pour 4 personnes

25 g de noix de coco râpée
2 c. s. de zeste de citron vert
80 ml de jus de citron vert
4 c. s. de lait de coco en poudre
1 litre de glace à la vanille

1 Sortez la glace du congélateur pour la faire ramollir. Mélangez la noix de coco, le zeste de citron vert, le jus de citron et le lait de coco dans un saladier.

2 Ajoutez cette préparation dans la glace à la vanille et mélangez rapidement avec une cuillère avant que la glace ne soit complètement fondue. Remettez au congélateur 30 minutes pour la raffermir. Servez trois boules de glaces par coupe et accompagnez de macarons.

Tartelettes aux pommes

Pour 4 personnes

90 g de miel
1 pincée d'épices mélangées
2 grosses pommes vertes (375 g)
2 feuilles de pâte feuilletée
3 c. s. d'amandes hachées
2 c. c. de sucre glace
40 g de beurre en dés
crème fraîche épaisse

1 Préchauffez le four à 210 ° C. Mélangez le miel, les épices et 170 ml d'eau dans une casserole en remuant. Pelez, épépinez et coupez les pommes en tranches fines. Ajoutez-les dans la casserole, couvrez et laissez-les cuire 8 minutes à feu doux jusqu'à ce qu'elles soient tendres. Remuez régulièrement pendant la cuisson. Laissez refroidir et égouttez bien les pommes, puis faites bouillir le liquide de cuisson pendant 10 minutes jusqu'à obtention d'un sirop.

2 Coupez 4 disques de pâte de 12 cm de diamètre, disposez-les sur la plaque du four préalablement huilée et parsemez-les d'amandes hachées. Garnissez de tranches de pommes, saupoudrez les galettes de sucre glace et parsemez des noisettes de beurre. Laissez cuire 15 minutes au four, jusqu'à ce que les tartelettes soient dorées. Arrosez de sirop et servez tiède avec de la crème fraîche.

Gratin à l'ananas

Pour 4 personnes

800 g d'ananas bien mûr coupé en dés de 1,5 cm
60 ml de rhum brun
2 c. s. de beurre doux
1 c. c. d'extrait de vanille
150 g de cassonade
1/2 c. c. de gingembre moulu
300 g de crème fraîche épaisse
60 ml de crème liquide
1 c. c. de zeste de citron râpé

1 Mélangez l'ananas, le rhum, le beurre, la vanille, 50 g de cassonade et le gingembre dans une grande casserole et faites cuire 8 à 10 minutes en remuant, jusqu'à ce que l'ananas soit caramélisé. Retirez du feu.

2 Répartissez cette préparation dans 4 ramequins et laissez-la refroidir un peu.

3 Mélangez la crème fraîche épaisse, la crème liquide et le zeste de citron dans un saladier, puis versez le mélange sur la préparation à l'ananas. Saupoudrez de cassonade.

4 Mettez le four en position gril et mettez les ramequins au four. Laissez gratiner 4 à 5 minutes, jusqu'à ce que le sucre commence à caraméliser, sans brûler. Servez aussitôt.

Poires pochées au citron et au safran

Pour 4 personnes

1 gousse de vanille
1/2 c. c. de filaments de safran
185 g de sucre
2 c. c. de zeste de citron
4 poires pelées, avec la queue
crème fraîche battue (facultatif)

1 Mettez la gousse de vanille, le safran, le sucre et le zeste de citron dans une casserole, versez 1 litre d'eau, laissez cuire à feu doux jusqu'à dissolution du sucre, puis portez à ébullition. Baissez le feu et laissez mijoter 10 à 12 minutes jusqu'à obtention d'un sirop.

2 Ajoutez les poires, couvrez et laissez cuire 12 à 15 minutes, jusqu'à ce qu'elles soient tendres. Retirez de la casserole et réservez.

3 Portez le sirop à ébullition et laissez cuire 10 minutes, jusqu'à ce qu'il ait réduit de moitié. Enlevez la gousse de vanille. Dressez les poires dans des coupelles, nappez de sirop et servez avec de la crème battue.

Figues grillées au caramel

Pour 4 personnes

60 g de sucre
60 ml de crème
1/2 c. c. d'extrait de vanille
110 g de mascarpone
50 ml d'amaretto (liqueur à base d'amandes amères)
4 c. c. de sucre, supplémentaires
35 g d'amandes finement hachées
1/2 c. s. de cannelle moulue
6 figues fraîches coupées en deux

1 Disposez une feuille de cuisson dans un moule à gâteau rond. Dans une petite casserole, faites dissoudre le sucre dans 60 ml d'eau. Portez à ébullition et laissez cuire pendant 8 minutes, sans remuer, jusqu'à ce que le sirop prenne une couleur dorée. Retirez du feu et incorporez progressivement la crème en remuant constamment, jusqu'à ce que la préparation soit onctueuse, puis ajoutez l'extrait de vanille.

2 Mélangez bien le mascarpone, l'amaretto et 2 cuillerées à café de sucre dans un saladier. Mélangez les amandes hachées, la cannelle et le reste du sucre dans une assiette.

3 Étalez le mélange aux amandes sur les moitiés de figues, puis placez ces dernières sur une plaque du four, sous le gril chaud. Faites griller les figues jusqu'à ce que le sucre soit caramélisé et les amandes bien dorées.

4 Dans chaque assiette, disposez trois moitiés de figues, ajoutez à côté 1 cuillerée à soupe de mascarpone à l'amaretto et nappez de sauce au caramel.

Muffins au café et aux noix

Pour 24 muffins

75 g de noix
155 g de cassonade
125 g de beurre doux
2 œufs légèrement battus
125 g de farine à levure incorporée
80 g de crème fraîche
1 c. s. d'extrait de café

1 Préchauffez le four à 160 °C. Graissez 12 moules à muffins. Mixez les noix et 45 g de cassonade jusqu'à ce que les noix soient hachées grossièrement. Transférez ce mélange dans un saladier.

2 Battez le beurre et le reste de cassonade avec un fouet électrique jusqu'à obtention d'une pâte pâle et onctueuse. Sans cesser de battre, ajoutez les œufs un à un jusqu'à obtention d'une préparation homogène, puis incorporez la farine. Ajoutez la crème fraîche et l'extrait de café. Mixez.

3 Dans chaque moule, mettez un peu de noix hachées et 1 cuillerée à café de pâte. Saupoudrez de noix, puis ajoutez 1 cuillerée de pâte. Terminez par une couche de noix. Faites cuire 20 minutes au four jusqu'à ce que les gâteaux gonflent. Laissez reposer 5 minutes, puis démoulez. Laissez refroidir avant de servir.

Puddings au chocolat

Pour 4 personnes

90 g de farine à levure incorporée
4 c. s. de cacao en poudre
125 g de sucre
1 œuf légèrement battu
60 ml de lait
60 g de beurre fondu
60 g de cassonade
sucre glace (pour décorer)

1 Préchauffez le four à 180 °C. Graissez 4 ramequins. Mélangez la farine, 1 cuillerée à soupe de cacao et le sucre dans un saladier. Mélangez le lait, l'œuf et le beurre dans un bol, et versez cette préparation dans le saladier en remuant bien.

2 Répartissez la pâte dans les ramequins et saupoudrez de cassonade et de cacao en poudre mélangés. Mettez les ramequins sur la plaque du four et versez 1 cuillerée à soupe d'eau bouillante sur la pâte. Faites cuire les puddings 15 à 20 minutes. Pour savoir s'ils sont cuits, enfoncez la pointe d'un couteau dedans : elle doit être sèche quand elle ressort. Saupoudrez de sucre glace et servez aussitôt avec de la crème fraîche ou de la crème glacée.

Bavarois aux fruits de la passion

Pour 8 personnes

340 g de fruits de la passion en boîte
300 g de tofu coupé en morceaux
600 ml de babeurre
2 c. s. de sucre
1 c. c. d'extrait de vanille
6 c. c. de gélatine
185 ml de pulpe de fruits de la passion frais
250 g de fraises coupées en deux

1 Égouttez les fruits de la passion et réservez le sirop. Passez-les au tamis fin et éliminez les pépins, puis mélangez-les avec le sirop, le tofu, le babeurre, le sucre et l'extrait de vanille. Mixez pendant 90 secondes et laissez la préparation dans le bol du mixeur.

2 Faites dissoudre la gélatine dans 80 ml d'eau en respectant les indications figurant sur l'emballage, puis laissez refroidir.

3 Disposez 8 ramequins dans un grand plat à gratin. Ajoutez la gélatine à la préparation aux fruits de la passion, puis mixez le tout pendant 1 minute. Répartissez ce mélange dans les ramequins, couvrez d'un film alimentaire et laissez au réfrigérateur toute une nuit.

4 Au moment de servir, démoulez les bavarois sur des assiettes à dessert (vous pouvez vous aider d'une lame de couteau trempée quelques secondes dans de l'eau très chaude). Nappez de pulpe de fruits de la passion, décorez de fraises et servez.

PRATIQUE Comme il faut compter 12 heures de réfrigération, pensez à préparer ce dessert la veille.

Gâteau de pain perdu

Pour 4 personnes

50 g de beurre doux
8 tranches de pain de mie un peu rassis
1 c. c. de cannelle moulue
2 c. s. de raisins secs
3 œufs
1 jaune d'œuf
3 c. s. de sucre
250 ml de lait
500 ml de crème
1/2 c. c. d'extrait de vanille
1 c. s. de cassonade

1 Préchauffez le four à 180 °C. Graissez un moule à gratin avec 10 g de beurre fondu. Étalez le reste de beurre sur les tranches de pain et coupez chaque tranche en diagonale. Disposez les tranches de pain en plusieurs rangées dans le moule, saupoudrez de cannelle et parsemez de raisins secs entre les rangées.

2 Battez légèrement les œufs, le jaune d'œuf et le sucre dans un grand saladier. Faites chauffer le lait et la crème, puis retirez du feu et ajoutez la vanille. Ajoutez cette préparation dans les œufs battus, puis versez le tout sur les tranches de pain et laissez reposer 5 minutes avant de saupoudrer de cassonade.

3 Faites cuire 30 minutes au four jusqu'à ce que la crème soit ferme et que le pain soit bien doré. Servez tiède ou à température ambiante.

Mousse de framboises

Pour 8 personnes

300 g de framboises fraîches
400 g de fromage blanc
1 c. s. de gélatine
2 blancs d'œufs
2 c. s. de sucre
quelques framboises fraîches et quelques feuilles de menthe pour décorer

1 Écrasez grossièrement les framboises avec une fourchette et mélangez cette purée avec le fromage blanc.

2 Faites dissoudre la gélatine dans un peu d'eau en respectant les indications figurant sur l'emballage. Laissez refroidir, puis ajoutez la gélatine dans le fromage blanc à la framboise. Remuez bien.

3 Battez les blancs d'œufs en neige. Quand de petits pics se forment à la surface, versez progressivement le sucre sans cesser de battre. Incorporez délicatement les blancs en neige au mélange aux framboises. Répartissez cette préparation dans 8 ramequins et mettez-les au réfrigérateur pendant 2 heures, jusqu'à ce que la mousse soit ferme. Démoulez sur des assiettes à dessert, décorez de framboises fraîches et de feuilles de menthe et servez aussitôt.

PRATIQUE Comme il faut compter 2 heures de réfrigération, pensez à préparer ce dessert à l'avance.

Pêches pochées au vin

Pour 4 personnes

4 pêches jaunes bien fermes
500 ml de vin blanc doux
60 ml de liqueur à l'orange
1 bâton de cannelle
250 g de sucre
1 gousse de vanille coupée en deux dans le sens de la longueur
8 feuilles de menthe fraîche
du mascarpone ou de la crème fraîche

1 Faites tremper les pêches 30 secondes dans un grand volume d'eau bouillante, puis égouttez-les et laissez-les refroidir. Pelez-les, coupez-les en deux et dénoyautez-les.

2 Mélangez le vin, la liqueur et le sucre dans une grande sauteuse. Ajoutez la cannelle et la vanille. Faites chauffer jusqu'à dissolution du sucre, puis portez à ébullition. Baissez le feu et laissez mijoter 5 minutes. Mettez les moitiés de pêches en une seule couche dans la sauteuse et laissez mijoter 2 minutes. Retournez les fruits et laissez cuire encore 2 minutes à feu doux, puis retirez-les avec une écumoire. Prolongez la cuisson du sirop pendant 6 à 8 minutes jusqu'à ce qu'il épaississe.

3 Dressez deux moitiés de pêche sur chaque assiette, nappez de sirop et décorez d'une feuille de menthe. Servez les pêches chaudes ou froides, avec 1 cuillerée de mascarpone ou de crème fraîche.

PRATIQUE Si vous servez ce dessert froid, pensez à le préparer à l'avance. Ajoutez la menthe et le mascarpone au dernier moment.

Crème glacée à la mangue

Pour 6 personnes

400 g de chair de mangue fraîche
125 g de sucre
60 ml de nectar d'abricot ou de mangue
300 ml de crème fraîche
6 coupelles en nougatine
quelques tranches de mangue fraîche et des feuilles de menthe pour décorer

1 Mixez la chair de mangue, mettez-la dans un grand saladier avec le sucre et le nectar de fruit et remuez 1 à 2 minutes jusqu'à dissolution du sucre.

2 Battez la crème jusqu'à ce que de petits pics se forment. Incorporez-la à la préparation à la mangue. Versez le tout dans un récipient carré en plastique et mettez 1 h 30 au congélateur. Mixez la glace encore molle avec un batteur électrique, puis remettez-la 8 heures au congélateur.

3 Retirez la crème glacée du congélateur 10 minutes avant de servir. Dressez 2 boules de glace dans chaque coupelle en nougatine et décorez de tranches de mangue fraîche et de feuilles de menthe.

PRATIQUE Comme il faut compter 10 heures de réfrigération, pensez à préparer ce dessert à l'avance. Il se conserve jusqu'à trois semaines au congélateur.

Cake au citron vert et à la noix de coco

Pour 8 personnes

150 g de beurre doux ramolli
185 g de sucre
2 c. c. de zeste de citron vert
2 œufs légèrement battus
55 g de gingembre confit finement haché
215 g de farine à levure incorporée
45 g de noix de coco râpée
185 ml de lait
1 citron vert coupé en tranches fines

1 Préchauffez le four à 180 °C. Graissez une feuille de papier sulfurisé et tapissez-en un moule à cake rectangulaire. Battez au mixeur électrique le beurre, le sucre et le zeste de citron jusqu'à ce que le mélange soit pâle et crémeux.

2 Ajoutez les œufs un à un, puis incorporez le gingembre. Sans cesser de battre, ajoutez la farine et la noix de coco en délayant progressivement la pâte avec le lait. Versez la préparation dans le moule préparé et lissez la surface. Faites cuire 50 minutes au four. Laissez reposer 5 minutes puis démoulez. Au moment de servir, coupez en tranches et décorez de rondelles de citron vert.

ASTUCE Ce cake peut se servir au goûter, avec une tasse de thé, ou en dessert. Dans ce cas, accompagnez-le d'une crème glacée à la vanille.

Salade de fruits d'été

Pour 6 personnes

500 g de sucre
750 ml de vin blanc moelleux
2 c. c. de zeste de citron vert finement haché
60 ml de jus de citron vert
2 mangues
3 pêches
3 nectarines

1 Mélangez le sucre, le vin, le zeste et le jus de citron vert dans une grande casserole. Laissez cuire 3 minutes à feu doux, en remuant jusqu'à la dissolution du sucre. Portez à ébullition, puis laissez mijoter 2 minutes. Réservez au chaud.

2 Pelez les mangues et coupez-les en deux. Coupez chaque moitié en 6 tranches. Placez-les dans un saladier.

3 Faites tremper les pêches et les nectarines 30 secondes dans un grand volume d'eau bouillante, puis rincez-les sous l'eau froide. Pelez-les, puis coupez-les en quatre. Mélangez les nectarines, les pêches et les mangues.

4 Versez le sirop tiède sur les fruits, couvrez et mettez 2 heures au moins au réfrigérateur. Servez bien frais.

PRATIQUE Comme il faut compter 2 heures de réfrigération, pensez à préparer ce dessert à l'avance.

Crème glacée à la fraise

Pour 4 personnes

500 g de fraises nettoyées et coupées en morceaux
2 c. s. de sucre
2 c. s. de Cointreau ou de jus d'orange frais
500 ml de crème glacée à la vanille
125 g de cassis

1 Mettez les fraises dans une petite casserole, ajoutez le sucre et le Cointreau (ou le jus d'orange) et faites chauffer à feu doux 5 minutes, jusqu'à ce que les fraises soient tendres et qu'elles aient rendu leur jus. Retirez du feu, laissez tiédir et mettez 30 minutes au réfrigérateur.

2 Mixez la moitié des fraises pendant 20 à 30 secondes. Ajoutez la crème glacée et mixez 10 secondes jusqu'à obtention d'un mélange onctueux. Versez dans un plat rectangulaire et remettez au congélateur 2 ou 3 heures jusqu'à ce que la glace ait pris. Servez avec le reste des fraises au sirop et les baies de cassis.

PRATIQUE Comme il faut compter au moins 2 heures de congélation, pensez à préparer ce dessert à l'avance. Vous pouvez remplacer le cassis par d'autres fruits rouges, comme des framboises ou des mûres sauvages.

Crumble aux prunes

Pour 8 personnes

165 g de cassonade
250 g de farine à levure incorporée
150 g de beurre doux
1 œuf
825 g de prunes au sirop en boîte, égouttées et coupées en tranches fines
2 c. c. de cannelle moulue
100 g d'amandes hachées

1 Préchauffez le four à 180 °C. Graissez une feuille de papier sulfurisé et tapissez-en un moule à gâteau rond. Battez la cassonade, le beurre et la farine jusqu'à obtention d'un mélange grumeleux.

2 Ajoutez l'œuf en mélangeant bien, puis versez la moitié de la préparation dans le moule. Disposez les tranches de prunes sur la pâte et saupoudrez de cannelle.

3 Incorporez les amandes au reste de pâte, puis nappez les prunes de cette préparation. Faites cuire 50 minutes au four. Laissez reposer 15 minutes puis démoulez. Servez tiède avec de la crème fraîche.

Salade de fruits au sirop d'orange et au gingembre

Pour 4 personnes

60 g de sucre
60 ml de jus d'orange
2 longs zestes d'orange
1 bâton de cannelle
250 g de fruits secs mélangés
100 g de dattes séchées dénoyautées
1 c. c. de gingembre frais râpé
200 g de yaourt nature allégé

1 Mettez le sucre, le jus d'orange, le zeste d'orange, le bâton de cannelle et 375 ml d'eau dans une grande casserole. Faites chauffer à feu doux en remuant, jusqu'à dissolution du sucre, puis portez à ébullition et laissez mijoter 5 minutes sans remuer, jusqu'à épaississement.

2 Ajoutez les fruits secs, les dattes, le gingembre et mélangez bien. Couvrez et laissez mijoter 5 minutes à feu doux jusqu'à ce que les fruits soient tendres. Retirez du feu et réservez. Retirez les zestes d'orange et le bâton de cannelle. Laissez refroidir.

3 Disposez les fruits dans des coupelles individuelles, nappez de yaourt et arrosez de sirop. Servez aussitôt.

Bouchées aux fruits de la passion et aux amandes

Pour 4 personnes

60 g de poudre d'amandes
2 c. s. de farine tamisée
100 g de sucre glace
1 c. c. de zeste de citron vert finement haché
la pulpe d'un fruit de la passion
120 g de beurre doux
2 œufs
2 c. s. de jus de citron vert
sucre glace (pour décorer)

1 Préchauffez le four à 180 °C. Graissez 8 petits moules d'une contenance de 30 ml. Mélangez la poudre d'amandes, la farine, 60 g de sucre glace, le zeste de citron vert, la pulpe de fruit de la passion et la moitié du beurre dans un saladier. Séparez les jaunes d'œufs des blancs, réservez 1 jaune et conservez le second pour un autre usage. Battez les blancs en neige ferme jusqu'à ce que des petits pics se forment à la surface. Incorporez-les délicatement à la préparation à base d'amandes. Répartissez la pâte dans les moules et faites cuire 10 à 15 minutes au four, jusqu'à ce que les cakes soient bien dorés.

2 Pendant ce temps, mettez le jus de citron, le reste du beurre et le reste du sucre glace dans une petite casserole et laissez mijoter en remuant jusqu'à dissolution du sucre. Retirez du feu et laissez refroidir, puis incorporez le jaune d'œuf réservé en battant. Faites cuire 5 minutes à feu très doux, en remuant sans cesse, jusqu'à épaississement du mélange.

3 Laissez les cakes reposer dans les moules 5 minutes, puis démoulez. Dressez 2 cakes saupoudrés de sucre glace dans chaque assiette, nappez de sirop au citron et servez avec de la crème glacée.

ASTUCE Le glaçage au citron peut être conservé au réfrigérateur et utilisé pour d'autres gâteaux.

Crème caramel

Pour 4 personnes

90 g de sucre
375 ml de lait écrémé
2 œufs
3 c. c. de sucre supplémentaires
1/2 c. c. d'extrait de vanille
1 c. c. de sirop d'érable

1 Préchauffez le four à 160 °C. Graissez légèrement 4 ramequins allant au four. Mélangez le sucre et 3 cuillerées à café d'eau dans une petite casserole à fond épais et faites cuire à feu doux, en remuant, jusqu'à dissolution du sucre. Portez à ébullition, puis réduisez le feu et laissez mijoter 5 minutes à feu très doux, sans cesser de remuer, jusqu'à ce que le sirop commence à caraméliser. Retirez du feu et versez ce sirop dans les ramequins.

2 Faites chauffer le lait avec 1 pincée de sel, jusqu'à ce qu'il soit sur le point de bouillir. Battez les œufs et le sucre supplémentaire pendant 2 minutes et ajoutez ce mélange dans le lait chaud, puis ajoutez la vanille et le sirop d'érable. Répartissez cette préparation dans les ramequins.

3 Mettez les ramequins dans un grand plat en terre ; versez l'eau bouillante dans le plat jusqu'à mi-hauteur des ramequins. Faites cuire 35 minutes au bain-marie, jusqu'à ce que la crème soit prise. Retirez les ramequins du plat, laissez tiédir puis mettez 2 heures au réfrigérateur. Au moment de servir, démoulez les crèmes sur des assiettes à dessert et garnissez éventuellement de fruits rouges.

Yaourt glacé au citron

Pour 8 personnes

1 litre de yaourt à la vanille
185 ml de jus de citron
185 g de sucre
60 ml de sirop de maïs allégé
1 c. c. de zeste de citron râpé
1/2 c. c. d'extrait de vanille

1 Mettez le yaourt dans une mousseline très fine, dans un tamis, et laissez-le s'égoutter au moins 2 heures au réfrigérateur, au-dessus d'un saladier. Éliminez le liquide recueilli.

2 Mélangez le reste des ingrédients dans un saladier et battez-les jusqu'à dissolution du sucre, puis ajoutez le yaourt, sans cesser de battre.

3 Étalez la préparation en une fine couche dans un grand plat rectangulaire et mettez 2 heures au congélateur, jusqu'à ce que les bords soient bien pris. Transférez la glace dans un saladier et battez-la jusqu'à ce qu'elle soit onctueuse. Répétez cette opération trois fois. Pour la dernière congélation, transférez la glace dans un récipient fermé hermétiquement et laissez-le au moins 4 heures au congélateur. Servez dans des coupelles.

Gâteau à la vanille

Pour 8 personnes

185 g de beurre doux, ramolli
2 c. c. d'extrait de vanille
250 g de sucre
3 œufs
185 g de farine à levure incorporée
60 de farine de riz
80 ml de lait

1 Préchauffez le four à 180 °C. Graissez une feuille de papier sulfurisé et tapissez-en un moule à gâteau carré.

2 Battez le beurre, la vanille, le sucre, les œufs et les farines avec un fouet électrique jusqu'à obtention d'un mélange homogène. Réduisez la vitesse de rotation des fouets et continuez pendant 3 minutes jusqu'à ce que la pâte soit épaisse et onctueuse.

3 Versez la préparation dans le moule. Laissez cuire 50 minutes au four. Laissez reposer 10 minutes et démoulez. Servez froid.

Muffins aux dattes

Pour 6 personnes

270 g de dattes dénoyautées
1 c. c. de bicarbonate de soude
150 g de beurre doux coupé en morceaux
185 g de farine à levure incorporée
125 g de sucre
2 œufs légèrement battus
2 c. c. de sirop d'érable
185 ml de crème fraîche
crème glacée (facultatif)

1 Préchauffez le four à 180 °C. Graissez un moule à muffins. Mélangez les dattes et 250 ml d'eau dans une casserole et portez à ébullition. Retirez du feu et incorporez le bicarbonate de soude. Ajoutez 60 g de beurre et mélangez jusqu'à ce qu'il soit fondu. Mélangez la farine et le sucre dans un grand saladier. Faites un puits au milieu et versez le mélange aux dattes. Ajoutez les œufs et mélangez jusqu'à obtention d'une pâte homogène. Transférez la pâte dans le moule et laissez cuire 20 minutes au four.

2 Mélangez le sirop d'érable, la crème et le reste de beurre dans une petite casserole et faites cuire à feu doux 3 à 4 minutes, jusqu'à dissolution du sucre. Portez à ébullition, puis laissez mijoter 2 minutes, en remuant de temps en temps. Démoulez les cakes sur les assiettes à dessert, piquez-les avec la pointe d'un couteau et arrosez-les de sirop.

Mousse blanche aux abricots secs

Pour 4 personnes

30 g de gingembre confit haché
175 g d'abricots secs
2 blancs d'œufs
2 c. s. de sucre
1 c. s. de copeaux de noix de coco grillés

1 Mélangez le gingembre, les abricots et 80 ml d'eau dans une petite casserole, couvrez et faites cuire 5 minutes à feu très doux. Retirez du feu et laissez refroidir complètement.

2 Battez les blancs d'œufs en neige ferme, jusqu'à ce que de petits pics se forment à la surface. Ajoutez le sucre et continuez à battre pendant 3 minutes jusqu'à obtention d'un mélange épais. Mélangez délicatement la préparation aux abricots et les blancs en neige. Répartissez ce mélange dans 4 coupelles préalablement réfrigérées. Parsemez de copeaux de noix de coco et servez très rapidement.

ASTUCE Faites cuire les abricots secs à feu très doux car ils roussissent très vite. Servez rapidement car les blancs en neige risqueraient de retomber.

Pavés de chocolat aux fruits secs et aux cerises confites

Pour 4 personnes

100 g de sablés écrasés grossièrement
120 g de pistaches décortiquées
150 g de noisettes grillées et pelées
100 g de cerises confites hachées grossièrement
300 g de très bon chocolat noir
200 g de beurre doux
1 c. c. de café instantané
2 œufs légèrement battus

1 Graissez une feuille de papier sulfurisé et tapissez-en un moule à gâteau rectangulaire. Mélangez les sablés, les pistaches, 90 g de noisettes et la moitié des cerises confites.

2 Coupez le chocolat et le beurre en morceaux de la même taille et placez-les dans un récipient résistant à la chaleur. Faites-les fondre au bain-marie, au-dessus d'une casserole d'eau frémissante, sans que le fond du saladier touche l'eau. Quand la préparation au chocolat a un peu refroidi, ajoutez les œufs et le café, puis ajoutez le mélange aux sablés et aux fruits secs.

3 Transférez cette préparation dans le moule et recouvrez avec le reste des noisettes et des cerises en pressant légèrement. Laissez au réfrigérateur toute la nuit.

4 Démoulez le gâteau au chocolat, coupez-le en carrés et servez. Vous pouvez le conserver au réfrigérateur.

PRATIQUE Pour faire griller les noisettes, placez-les 5 à 10 minutes sous le gril du four jusqu'à ce qu'elles soient dorées, puis frottez-les pour retirez la peau.

Granita au citron

Pour 6 personnes

315 ml de jus de citron
1 c. s. de zeste de citron
200 g de sucre

1 Mélangez le jus de citron, le zeste et le sucre dans une casserole et laissez cuire 5 minutes à feu doux, jusqu'à dissolution du sucre. Retirez du feu et laissez refroidir.

2 Ajoutez 500 ml d'eau dans la casserole et mélangez bien. Étalez ce mélange en une couche assez fine dans un grand plat rectangulaire et congelez jusqu'à ce que la préparation commence à prendre sur les bords. Grattez les bords et ramenez-les vers le centre du plat avec une fourchette. Répétez cette opération toutes les 30 minutes, jusqu'à ce que la préparation soit uniformément cristallisée. Servez la granita dans 6 verres préalablement réfrigérés.

Index

Traduction : Danielle Delavaquerie

Adaptation : Élisabeth Boyer

Mise en page : MCP

Relecture : Philippe Rollet

Marabout

43, quai de Grenelle – 75905 Paris Cedex 15

Publié pour la première fois en Australie en 2002

sous le titre ***Fast Food***

Dépôt légal : Février 2010

ISBN : 978-2-501-03952-9

40.3644.8/08

Imprimé en Italie chez Stige